Ludouo clarissimi autoris.

Que son nom soit beny, qu'il éclatte a jamais
Lui seul nous a fait voir ou reside la paix.

PROJET
POUR RENDRE
LA PAIX
PERPETUELLE
EN EUROPE.
TOME I.

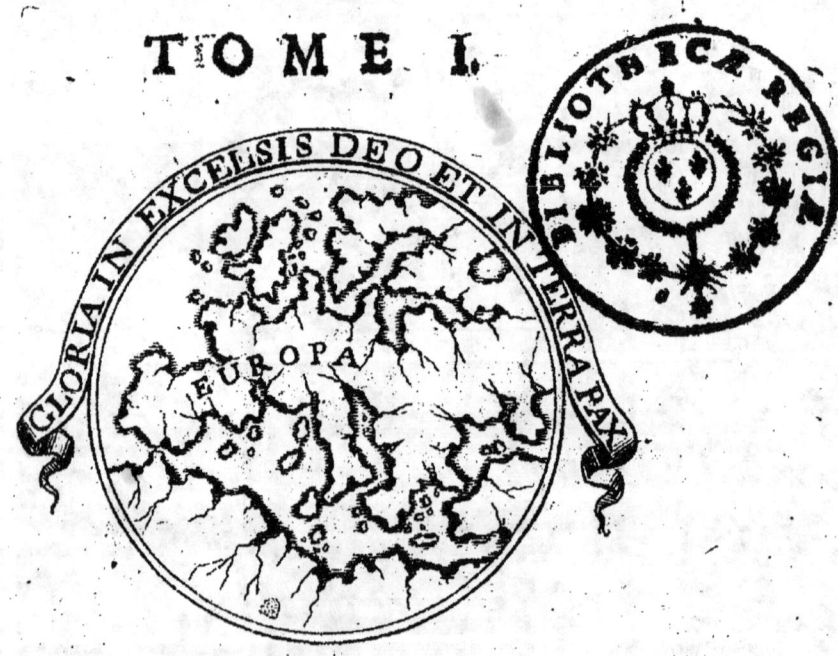

A UTRECHT,

Chéz ANTOINE SCHOUTEN,
Marchand Libraire.

M. DCC. XIII.

AVIS
DU LIBRAIRE
AU LECTEUR.

Il a paru il y a un an un volume in douze imprimé à Cologne, intitulé: Mémoires pour rendre la Paix perpétuelle en Europe. Il a été lû & recherché des gens d'esprit avec une avidité incroyable, quoique ce ne fût que l'essai de l'Ouvrage que voici. L'Auteur encouragé par le succez, & éclairé par les critiques, lui a donné sa véritable forme, il y a fait des changemens considérables, & l'a augmenté du double ; au reste comme ce Projet peut devenir un jour très-utile & aux Souverains & à leurs Sujets, j'ai crû faire plaisir au Public de lui procurer cet Ouvrage qui m'a été remis par une personne de la première qualité, encore plus distinguée par sa vertu que par sa naissance, pleine de zéle pour la Chrétienté, & particuliérement pour sa Patrie, & qui n'a d'autre but que celui de voir avant sa mort une Paix perpetuelle solidement établie entre les Puissances de l'Europe. Ce Manuscrit lui étant tombé entre les mains, il n'a rien oublié pour se hâter dans la conjoncture présente d'en faire part au Public, & me l'ayant remis dans cette vûë, j'ai donné tous mes soins pour sçavoir qui étoit l'Auteur d'un aussi bel Ouvrage. J'ai appris avant la fin de l'impression de ce Livre, que l'Auteur s'appelle Monsieur l'Abbé de S. Pierre ; il est homme de qualité, le nom de sa Maison est Castel, le feu Commandeur de S. Pierre, qui avoit la Commanderie du Piéton étoit son frere : il a encore deux freres vivans, le Marquis & le Comte ; sa mere étoit Bellefont, tante du feu Maréchal de Bellefont & du Maréchal Duc de Vilars ; il est Cousin issu de germain du Duc de

Ventadour; il a plus de cinquante ans ; & il y a prés de vingt ans qu'il est de l'Academie Françoise, & premier Aumônier de Madame, belle-sœur du Roi de France : On dit que c'est un homme fort laborieux, quoique d'une santé délicate. Je souhaite que le Seigneur benisse son dessein.

PREFACE,

Idée générale du Projet.

MON dessein est de proposer des moyens de rendre la Paix perpétuelle entre tous les Etats Chrétiens. Qu'on ne me demande point quelle capacité j'ai acquise pour traiter un sujet si élevé, & si important. A cela je n'ai rien à répondre ; car quoique depuis plus de vingt-trois ans j'aye fait ce que j'ai pû pour m'instruire à fond des matiéres du Gouvernement politique, parce que je suis persuadé que ce sont celles qui méritent le plus l'attention d'un bon Citoyen, il se peut bien faire que par mes études je n'aye rien acquis de ce qui seroit

Tome I.   ē

PREFACE.

nécessaire pour être utile à ma Patrie. Mais le Lecteur pour bien juger du prix de l'Ouvrage, a-t-il besoin d'autre chose que de l'Ouvrage même ?

Il y a environ quatre ans qu'après avoir achevé la premiére ébauche d'un Réglement utile au Commerce intérieur du Royaume, instruit par mes yeux de l'extrême misére où les Peuples sont réduits par les grandes Impositions, informé par diverses Rélations particuliéres des Contributions excessives, des Fouragemens, des Incendies, des violences, des cruautez, & des meurtres que souffrent tous les jours les malheureux Habitans des Frontiéres des Etats Chrétiens ; enfin touché sensiblement de tous les maux que la Guerre cause aux Souverains d'Europe & à leurs Sujets, je pris la résolution de pénetrer jusqu'aux prémiéres sources du mal, & de chercher par mes propres réfléxions si ce mal étoit tellement attaché à la nature des Souverainetez & des Souverains, qu'il fût absolument

PREFACE.

sans reméde, je me mis à creuser la matiére pour découvrir s'il étoit impossible de trouver des moyens praticables pour terminer *sans Guerre* tous leurs differens futurs, & pour rendre ainsi entre eux la Paix perpétuelle.

J'avois autrefois pensé en divers tems à cette matiére comme à la plus utile de celles dont les plus grands esprits puissent s'occuper; mais j'y avois toûjours pensé sans succés : les difficultez qui naissoient l'une de l'autre, & du fond même de la nature des hommes, m'avoient toûjours rébuté : il est vrai que je ne n'y avois pensé que dans des lieux, où quoique j'eusse mes matinées remplies ou de lectures, ou de méditations sur des sujets de cette espéce, mon esprit étoit un peu trop partagé par les devoirs & par les amusemens, au lieu qu'étant à la campagne, aidé des forces que donnent à l'esprit le calme & le loisir de la solitude, je crûs pouvoir par une méditation opiniâtre & suivie, approfondir un sujet, qui jusque là pouvoit bien n'avoir point été approfondi au point qu'il méritoit de l'être.

Il me parut alors nécessaire de commencer par faire quelques réfléxions sur la nécessité où sont les Souverains d'Europe, comme les autres hommes, de vivre en Paix, unis par quelque société permanente, pour vivre plus heureux, sur la nécessité où ils se trouvent d'avoir des Guerres entre eux, pour la possession ou pour le partage de quelques biens, & enfin sur les moyens dont ils se sont servi jusqu'à présent, soit pour se dispenser d'entreprendre ces Guerres, soit pour n'y pas succomber quand elles ont été entreprises.

Je trouvai que tous ces moyens se réduisoient à se faire des promesses mutuelles écrites ou dans des Traitez de Commerce, de Tréve, de Paix, où l'on régle les limites du Territoire, & les autres prétentions réciproques, ou dans des Traitez de Garantie ou de Ligue offensive & défensive pour établir, pour

PREFACE.

maintenir, ou pour rétablir l'Equilibre de puissance des Maisons dominantes ; Système qui jusques ici semble être le plus haut dégré de prudence, auquel les Souverains d'Europe & les Ministres ayent porté leur politique.

Je ne fus pas long-tems sans voir que tant que l'on se contenteroit de pareils moyens, on n'auroit jamais de *sûreté suffisante* de l'exécution des Traitez, ni de moyens suffisans pour terminer équitablement, & sur tout *sans Guerre* les différens futurs, & que si l'on ne pouvoit rien trouver de meilleur, les Princes Chrétiens ne devoient s'attendre qu'à une Guerre presque continuelle, qui ne sçauroit être interrompuë que par quelques Traitez de Paix, ou plûtôt par de véritables Tréves qu'opérent nécessairement la presque égalité de forces, la lassitude & l'épuisement des Combattans, & qui ne peut jamais être terminée que par la ruïne totale du Vaincu. * Ce sont ces réfléxions

* SUJET du premier Discours.

PREFACE.

qui font le sujet du premier Discours. Je les ai toutes rapportées à deux Chefs ou à deux Propositions, que je me propose d'y démontrer.

1º. *La constitution présente de l'Europe ne sçauroit jamais produire que des Guerres presque continuelles, parce qu'elle ne sçauroit jamais procurer de sureté suffisante de l'exécution des Traitez.*

2º. *L'Equilibre de puissance entre la Maison de France & la Maison d'Autriche ne sçauroit procurer de sureté suffisante ni contre les Guerres Etrangéres, ni contre les Guerres Civiles, & ne sçauroit par conséquent procurer de sureté suffisante soit pour la conservation des Etats, soit pour la conservation du Commerce.*

Le premier pas nécessaire pour procurer la guérison d'un mal grand, invéteré, & pour lequel seul on n'a jusques-là employé que des remédes très-inefficaces, c'est de tâcher de pénétrer d'un côté toutes les différentes causes du mal, & de l'autre la disproportion de ces remédes avec le mal même.

Je cherchai ensuite si les Souve-

PREFACE. vij

rains ne pourroient pas trouver quelque *sureté suffisante* de l'éxécution des promesses mutuelles en établissant entre eux un Arbitrage perpétuel, je trouvai que si les dix-huit principales Souverainetez d'Europe pour se conserver dans le Gouvernement présent, pour éviter la Guerre entre elles, & pour se procurer tous les avantages d'un Commerce perpétuel de Nation à Nation, vouloient faire un Traité d'Union & un Congrez perpétuel à peu près sur le même modéle, ou des sept Souverainetés de Hollande, ou des treize Souverainetés des Suisses, ou des Souverainetés d'Allemagne, & former l'Union Européenne sur ce qu'il y a de bon dans ces Unions, & sur tout dans l'*Union Germanique* composée de plus de deux cens Souverainetés, je trouvai, dis-je, que les plus foibles auroient *sureté suffisante*, que la grande puissance des plus forts ne pourroit leur nuire, que chacun garderoit exactement les promesses réciproques, que le Commerce ne seroit jamais inter-

ẽ iiij

rompu, & que tous les différens futurs se termineroient *sans Guerre* par la voye des Arbitres, sûreté que l'on ne peut jamais trouver sans cela.

Voici les dix-huit principales Souverainetés Chrétiennes, qui auroient chacune une voix à la Dictte générale d'Europe. 1. France, 2. Espagne, 3. Angleterre, 4. Hollande, 5. Portugal, 6. Suisse & Associez, 7. Florence & Associez, 8. Gênes & Associez, 9. L'Etat Ecclésiastique, 10. Venise, 11. Savoye, 12. Lorraine, 13. Dannemark, 14. Curlande avec Dantsik, &c. 15. L'Empereur & l'Empire, 16. Pologne, 17. Suéde, 18. Moscovie. Je ne mets ici l'Empire que pour une Souveraineté; parce que ce n'est qu'un Corps : la Hollande n'est mise de même que pour une Souveraineté ; parce que cette République, quoique composée de sept Républiques Souveraines, ne fait qu'un Corps : j'en dis autant de la Suisse.

En examinant le Gouvernement des Souverains d'Allemagne, je ne trouvai pas plus de difficultez à for-

PREFACE. ix

mer de nos jours *le Corps Européen*, qu'on en trouva autrefois à former *le Corps Germanique*, à exécuter en plus grand ce qui étoit déja exécuté en moins grand; au contraire je trouvai qu'il y auroit moins d'obstacles & plus de facilitez pour former *le Corps Européen*, & ce qui m'aida beaucoup à me persuader que ce Projet n'étoit point une chimére, ce fut l'avis que me donna bientôt après un de mes amis, lorsque je lui montrai la premiére ébauche de cet Ouvrage dans ma Province: il me dit que Henry IV. avoit formé un Projet tout semblable pour le fond, je le trouvai effectivement dans les Mémoires du Duc de Sully son premier Ministre, & dans l'Histoire de son Regne par Mr de Perefixe : je trouvai même que ce Projet avoit déja été agréé & approuvé par un grand nombre de Souverains au commencement du siécle passé: cela me donna occasion d'en tirer quelques conséquences pour montrer que la chose n'étoit rien moins qu'impraticable : * &

* SUJET du deuxiéme Discours.

voilà en gros le sujet du second Discours.

1º. *Les mêmes motifs & les mêmes moyens qui ont suffi pour former autrefois une Société permanente de toutes les Souverainetez d'Allemagne, sont à la portée & au pouvoir des Souverains d'aujourd'hui, & peuvent suffire pour former une Société permanente de toutes les Souverainetez Chrétiennes de l'Europe.*

2º. *L'approbation que la plûpart des Souverains d'Europe donnerent au Projet de Société Européenne que leur proposa Henry le Grand, prouve que l'on peut espérer qu'un pareil Projet pourra être approuvé par leurs Successeurs.*

Ces modéles des Sociétés permanentes, l'approbation que l'on donna il y a cent ans au Projet d'Henry le Grand, suffisoient bien pour faire deux grands préjugez en faveur de la possibilité de celui-ci : je sçavois de quel poids sont les préjugez, & que souvent ils font plus d'impression sur le commun des esprits, que les véritables raisons prises du fond même du sujet, & tirées par des conséquences nécess-

PREFACE.

faires des prémiers principes ; mais je vis bien qu'ils ne suffiroient jamais pour déterminer entiérement les esprits du premier ordre, que l'on trouveroit toûjours des différences, des disparitez entre la *Société Européenne*, que je propose, & les Sociétez que je donne comme des espéces de modéles ; qu'après tout Henry IV. avoit pû se tromper en croyant possible ce qui étoit en effet impossible. Ainsi je compris qu'il falloit tout démontrer à la rigueur, & je resolus de travailler à rétrouver avec le sécours de la méditation ces mêmes *motifs*, qui avoient déterminé les anciens Souverains d'Allemagne, & ceux du siécle passé à désirer une Paix inaltérable, & à trouver des moyens encore meilleurs que les leurs pour former un Etablissement encore plus important.

A l'égard des *motifs suffisans*, je compris que si l'on pouvoit proposer un Traité qui pût rendre l'Union solide & inaltérable, & qui donnât ainsi à tout le monde une

PREFACE

sûreté suffisante de la perpétuité de la Paix, les Souverains y trouveroient moins d'inconvéniens & beaucoup moins grands, un plus grand nombre d'avantages & beaucoup plus grands, que dans le Systême présent de la Guerre, que plusieurs Souverains, sur tout les moins puissans commenceroient par le signer, & ensuite le présenteroient à signer à d'autres, & que les plus puissans mêmes, s'ils l'examinoient à fond & de tous côtez, trouveroient facilement qu'ils ne peuvent jamais se déterminer à un parti, ni signer un Traité qui leur soit à beaucoup près si avantageux que celui-là.

A l'égard des *moyens praticables & suffisans*, qui consistent aux Articles d'un Traité d'Union, dans lequel on trouvât pour tout le monde une *sûreté suffisante* de la perpétuité de la Paix, je ne négligeai rien pour les inventer, & je croi les avoir trouvé.

Or comme d'un côté ceux qui ont lû les premiéres ébauches du quatriéme Discours, conviennent

PREFACE.

qu'un Traité qui seroit composé de pareils Articles formeroit cette *sureté suffisante* si recherchée par les Politiques : & comme d'un autre la signature de ces Articles dépend uniquement *de la volonté* des Souverains, & que tous ces Princes seront d'autant plus portez *à vouloir* les signer, & à en procurer l'exécution, qu'ils auront vû avec plus d'évidence la grandeur des avantages qui leur en doivent revenir ; on peut conclure qu'il ne se trouvera de leur part dans l'exécution du Projet aucune impossibilité, & que plus ils sentiront cette sûreté & ces avantages, plus il se trouvera de facilité pour l'exécuter. Tout le Projet se réduit donc à un simple argument, que voici.

* *Si la Société Européenne que l'on propose, peut procurer à tous les Princes Chrétiens sureté suffisante de la perpétuité de la Paix au dedans & dehors de leurs Etats, il n'y a aucun d'eux pour qui il n'y ait beaucoup plus d'avantages à signer le Traité pour l'établissement de cette Société, qu'à ne le pas signer.*

* SUJET du troisiéme Discours.

† *Or la Société Européenne, que l'on propose, pourra procurer à tous les Princes Chrétiens sureté suffisante de la perpétuité de la Paix au dedans & au dehors de leurs Etats.*

* *Donc il n'y aura aucun d'eux pour qui il n'y ait beaucoup plus d'avantages à signer le Traité pour l'établissement de cette Société, qu'à ne le pas signer.*

La majeure, ou la premiére proposition contient *les motifs*, & l'on en trouvera la preuve dans le troisiéme Discours après les Discours préliminaires, qui m'ont paru nécessaires pour disposer l'esprit du Lecteur à sentir la force de la démonstration. La mineure ou la seconde proposition contient *les moyens*, la preuve s'en trouvera au quatriéme Discours. A l'égard de la derniére proposition, ou de la conclusion, c'est le but que je me suis proposé dans cet Ouvrage.

Comme ce Projet peut commencer à être connu dans les Cours de l'Europe, ou au milieu, ou à la fin

---

† SUJET du quatriéme Discours.
* But de l'Ouvrage.

PREFACE. xv

d'une Guerre, ou dans les Conférences, ou après la conclusion d'une Paix, ou même au milieu d'une profonde Paix, † il a fallu montrer en abregé dans le cinquiéme Discours, que dans tous ces tems il apporteroit & une grande facilité à la conclusion de la Paix, & un grand desir de la rendre perpétuelle, si elle étoit concluë.

On sçait que dans des sujets aussi éloignez des maniéres de penser ordinaires, & qui par leur nouveauté sont toûjours un peu suspects de vision & de paralogisme, l'esprit ne peut pas être si-tôt accoûtumé, même après plusieurs lectures, aux nouvelles idées qu'il rencontre, & qu'on ne peut pas avoir placé en si peu de tems dans sa mémoire tous les principes de l'ouvrage & toutes les conséquences que l'Auteur en a tirées, & que cependant faute de ce dégré de mémoire & d'attention, il est impossible qu'il ne reste encore au Lecteur quantité de doutes à éclaircir & de difficultez à le-

† SUJET du cinquiéme Discours.

ver; † c'est ce qui m'a déterminé à ramasser dans le sixiéme Discours toutes les objections que l'on m'a faites, afin de donner à l'Ouvrage tous les éclaircissemens qui lui étoient nécessaires

Enfin comme j'ai remarqué que plusieurs personnes étoient persuadez que quand les Souverains d'Europe auroient signé les uns après les autres le Traité d'Union, il resteroit apparemment encore des difficultez insurmontables dans la formation du Congrez, & dans *les moyens* de commencer & de soûtenir un pareil établissement, * j'ai été obligé, pour lever sur cela leurs doutes, de proposer dans le septiéme Discours plusieurs articles, dont les Souverains *peuvent convenir*, non pas que je croye qu'on ne puisse facilement en proposer encore de plus utiles pour rendre l'établissement plus solide en lui-même, & plus commode à tous les Membres. Je ne prétens montrer autre chose,

† SUJET du sixiéme Discours.
* SUJET du septiéme Discours.

sinon

PREFACE. xvij

sinon que ces prétenduës difficultez que l'on peut se former à l'égard de l'exécution de l'établissement ne sont rien moins qu'insurmontables, puisque les articles que je propose sont *suffisans* pour cette exécution, & que rien n'empêche les Souverains d'en convenir.

Telle est l'analyse, tel est l'ordre que j'ai suivi dans cet Ouvrage; voilà le fruit que j'ai recuëilli de mes méditations depuis plus de quatre ans ; voilà l'usage que j'ai fait des critiques judicieuses de mes amis : or si l'on proposa jamais un sujet digne d'être examiné avec attention par les plus excellens esprits, & surtout par les plus sages Ministres & par les meilleurs Princes, on peut dire que c'est celui-ci ; puisqu'il ne s'agit pas de moins que de procurer à tous les Souverains & à toutes les Nations de l'Europe la plus grande félicité qu'un nouvel établissement puisse jamais leur procurer.

Il est aisé de comprendre que plus ce Projet renfermera de moyens de rendre la Paix inaltérable en Europe, plus il peut contribuer à faciliter la conclusion de celle que l'on traite présentement à Utrecht: car les Alliez de la Maison d'Autriche désirent la Paix autant que nous, mais ils ne la veulent qu'à condition qu'on leur donnera des *suretez suffisantes* de sa durée. En effet à examiner l'interêt de ces Alliez dans la Guerre présente, on trouvera que tout roule sur deux chefs principaux. Le prémier, c'est une *sureté suffisante* de la conservation de leurs Etats contre la grande puissance de la Maison de France, qui peut dans la suite trouver de prétextes spécieux & des conjonctures favorables pour faire des conquêtes sur eux, & introduire dans leur Païs une Réligion & un Gouvernement pour lesquels ils ont un extrême éloignement. L'autre chef, c'est une *sureté suffisante* pour la liberté du Commerce, soit celui de l'Amérique, soit celui de la Méditerranée; ces deux Commerces font plus de la moitié du révenu de l'Angleterre & de la Hollande.

PREFACE. xix

Màis quelles *suretez suffisantes* peut-on imaginer pour le plus foible contre le plus fort ? Il n'y a sur cela que deux systêmes ; le prémier est d'affoiblir, s'il se peut, *suffisamment* le plus fort, ce qui est, ou impossible, ou ruineux : c'est néanmoins celui que suivent les Alliez dans la Guerre présente, pour arriver à leur chimére d'équilibre ; le second est de fortifier *suffisamment* le plus foible, & de lui donner une force suffisamment supérieure, sans rien ôter de la force du plus fort, c'est celui que je propose par un Traité de Société, qui donneroit au plus foible une nouvelle augmentation d'Alliez très-forts, & d'autant plus forts, qu'ils séroient beaucoup plus étroitement unis, non pour arracher au plus fort rien de ce qu'il posséde, mais pour lui ôter tout pouvoir de troubler jamais les autres, soit dans leurs possessions au dedans, soit dans leur Commerce au dehors.

Dans la seconde ébauche le Projet embrassoit tous les Etats de la Terre ; mes amis m'ont fait remarquer que quand même dans la suite des siécles la plûpart des Souverains d'Asie & d'Affrique demanderoient à être reçûs dans l'Union, cette vûë paroiſſoit ſi éloignée, & embaraſſée de tant de difficultez, qu'elle jettoit ſur tout le Projet un air, une apparence d'impoſſibilité qui révoltoit tous les Lecteurs ; ce qui en portoit quelques-uns à croire que reſtraint même à la ſeule Europe Chrétienne, l'exécution en ſeroit encore impoſſible, je me ſuis d'autant plus volontiers rendu à leur avis, que l'Union de l'Europe ſuffit à l'Europe pour la conſerver toûjours en Paix, & qu'elle ſera aſſez puiſſante pour conſerver ſes Frontiéres & ſon Commerce malgré ceux qui voudroient l'interrompre. Le Conſeil général qu'elle pourra établir dans les Indes, deviendra facilement l'Arbitre des Souverains de ce Païs-là, & les empêchera par ſon autorité de prendre les armes : le crédit de l'Union ſera d'autant plus grand parmi eux, qu'ils ſeront ſûrs qu'elle ne veut

PREFACE.

que des sûretez pour son Commerce, que ce Commerce ne sçauroit que leur être très-avantageux, qu'elle ne songe à faire aucune Conquête, & qu'elle ne régardera jamais comme ennemis, que les ennemis de la Paix.

Si le Lecteur veut se mettre en état de juger sainement de l'Ouvrage, il est, ce me semble, nécessaire qu'il s'arrête à la fin de chaque Discours, & qu'il se demande compte à lui-même de l'effet des preuves que j'ai apportées pour montrer la vérité de la proposition : s'il les trouve suffisantes, il peut passer outre : mais s'il ne les trouve pas telles, cela peut venir ou de ce qu'il rencontre encore des difficultez, ou de ce qu'il n'a pas lû certains endroits avec assez d'attention ; & rien n'est plus ordinaire aux Lecteurs même les plus attentifs, que de manquer quelque fois d'attention. Dans le prémier cas il n'a qu'à faire une note de ses difficultez pour remarquer si dans la suite de l'Ouvrage, & sur tout dans les réponses aux

PREFACE.

objections, il n'y trouvera point d'éclaircissemens suffisans. Dans le second cas, le seul rémede, c'est de rélire ces endroits mal entendus, sans cela il en useroit comme un Rapporteur qui voudroit rapporter & juger après une lecture superficielle, & sans avoir fait une attention suffisante aux piéces principales du procez. J'ai tâché de mettre entre les pensées une sorte de liaison que l'esprit peut aisément sentir. Or ceux qui n'apportent point assez d'attention pour appercevoir cette liaison, ne sçauroient sentir la force des raisonnemens particuliers, & beaucoup moins la force d'une démonstration qui résulte de l'assemblage de ces raisonnemens.

Le titre prévient contre l'Ouvrage, je l'avoüe, mais comme je suis persuadé qu'il n'est pas impossible de trouver des moyens suffisans & praticables de rendre la Paix perpétuelle entre les Chrétiens, & que je croi même que les moyens qui se sont présentez à moi, sont de cette nature, j'ai compris que si je com-

PREFACE. xxiij

mençois moi-même par faire semblant d'être incertain fur la folidité de ces moyens, & de douter de la poffibilité de l'exécution, les Lecteurs les mieux difpofés en faveur du Syftême en douteroient réellement eux-mêmes, & que leur doute réel iroit peut-être encore plus loin que mon doute affecté. Il n'en eft pas des chofes où il eft queftion de déterminer les hommes à l'action, comme des chofes de pure fpéculation : le Pilote qui paroît lui-même incertain du fuccés de fon voyage, n'eft pas propre à déterminer le Paffager à s'embarquer : l'Entrepreneur qui paroît lui-même douter de la folidité d'un grand Ouvrage qu'on propofe d'entreprendre, n'eft nullement propre à déterminer à l'entreprife. Ainfi j'ai mieux aimé hazarder de me donner un ridicule en prenant un ton affirmatif, & en promettant dans le titre tout ce que j'efpére tenir dans l'Ouvrage, que de rifquer par un faux air de modeftie & d'incertitude de faire le moindre tort aux

xxiv PREFACE.

Public, en empêchant les gens de bien de régarder ce Système comme un Projet sérieux & possible dans l'exécution, lorsque je ne le propose moi-même que dans la vûë qu'il soit un jour exécuté.

PROJET

PROJET DE PAIX PERPETUELLE, POUR L'EUROPE.

PREMIER DISCOURS.

Les moïens pratiquez jusqu'ici pour entretenir la Paix sont entiérement inéfficaces.

L'Histoire des siécles precedens, l'experience que nous avons de ce qui s'est passé jusqu'ici devant nos yeux, ne nous ont que trop fait connoître que les Guerres s'allument tres-aisément, qu'elles causent une infinité de malheurs, &

A

qu'il est difficile de les éteindre; mais tout le monde ne sçait pas que les moyens que l'on a jusqu'ici mis en usage pour les prévenir, sont par eux-mêmes très-inefficaces, & que tels qu'ils sont presentement, ils n'ont nulle proportion avec l'effet que l'on veut bien s'en promettre; & c'est cette disproportion, ou la cause de cette inefficacité que je me propose de faire sentir dans ce Discours.

Or ces moyens se réduisent à deux; l'un regarde les Traitez entre Souverains, ce que l'on en doit attendre; l'autre regarde l'équilibre entre les deux Maisons les plus puissantes de l'Europe; je réduirai aussi mon Discours à deux Chefs, qui seront compris sous deux Propositions.

PREMIERE PROPOSITION
a Demontrer.

La conſtitution préſente de l'Europe ne ſçauroit jamais produire que des Guerres preſque continuelles, parce qu'elle ne ſçauroit jamais procurer aucune ſûreté ſuffiſante de l'execution des Traitez.

LEs hommes peuvent vivre en paix: tant qu'ils n'ont aucuns biens d'aucune eſpece à ſe diſputer, ou à partager, ils s'apportent, ils ſe procurent mutuellement divers agrémens, diverſes commoditez conſidérables par le Commerce qu'ils ont entr'eux, & ce profit les unit: mais dès qu'ils ont quelque ſorte de bien à ſe diſputer, ou à partager, chacun d'eux ſur la poſſeſſion du tout, ou ſur le plus ou ſur le moins dans le partage, s'éloigne preſque toûjours de l'équité, qui ſeule pourroit leur ſervir de régle pour la deciſion, & de préſervatif contre la déſunion: Il arrive preſque toûjours qu'à mesure que leurs desirs sont vifs, ils étendent chacun de leur côté leurs prétentions, & tout leur esprit n'est alors employé qu'à les leur représenter comme justes. Ainsi c'est une necessité que tantôt l'interest les unisse, & que tantôt l'interest les divise.

S'ils étoient assez sages, ils verroient souvent que l'interest qui tend à les tenir unis, est bien plus grand que l'interest qui tend à les diviser. Quelques-uns à la vérité en considération des avantages du Commerce qu'ils veulent conserver, se cedent volontairement quelque chose de leurs prétentions ; mais la plûpart emportez par la violence de leurs désirs, ne pesent pas assez juste ce qu'ils vont perdre par la cessation du Commerce ; & au milieu du trouble que la passion cause dans leur ame, on a beau leur representer ce qui leur seroit de plus avantageux, ce qui seroit en soy de plus équitable, le profit alors leur paroît perte, & l'équité elle-même leur paroît injuste.

Le désir de se dédommager d'un

tort que l'on croit avoir reçû, de se vanger par represailles, de prendre ou de reprendre ce qu'on regarde comme le sien, la jalousie de puissance, de reputation, l'envie de mortifier, d'abaisser un voisin, dont on croit avoir sujet d'être mécontent : voilà autant de sources de querelles qui ne peuvent pas ne point naître dans le cœur des hommes, ils ne peuvent pas ne point produire incessamment des démêlez, soit avec raison, soit avec pretexte, soit sans raison & sans pretexte. Voilà donc les hommes qui sembloient n'être nez que pour goûter toûjours les biens que procure la Societé, obligez pour la possession & le partage de ces mêmes biens à rentrer souvent dans l'état de division. Il ne suffit pas même qu'un des Prétendans soit équitable pour éviter le demêlé ; car quand il se mettroit de lui-même à la raison, si l'autre ne s'y met pas, ils ne sçauroient convenir ; ensorte qu'ils se trouvent tous deux dans la necessité de chercher pour obtenir leurs prétentions d'autres moyens que les conventions réciproques & volontaires.

Mais quels moyens ont-ils de terminer leurs differens, & comment mettre des bornes à leurs prétentions ? Nous les connoissons tous ces moyens, il n'y en a que de deux sortes, selon les deux sortes de conditions des Prétendans, ou la force, ou la Loy ; car ou les deux Prétendans font partie & sont membres de quelque Societé permanente, ou bien ils n'en font point partie : s'ils n'en font point partie, leurs differens ne peuvent être terminez par des Loix, ni conséquemment par les Juges ou Interprettes des loix : comme ils ont le malheur d'être privez des avantages d'un Commerce perpétuel, & d'une Société permanente, ils ont aussi le malheur d'être privez de l'avantage des Loix qui distribuent à chacun ce qui lui doit appartenir légitimement. Ainsi ils se trouvent dans la malheureuse nécessité pour avoir ce qu'ils regardent chacun comme le leur, de chercher à se surprendre par la ruse, & à se détruire par la force, c'est-à-dire, par la Guerre.

Tel est l'état des Chefs de Familles Sauvages, qui vivent sans Loix : telle est la situation des petits Rois d'Affrique, des malheureux Caciques, ou des petits Souverains d'Amerique : telle est même jusqu'à present la situation de nos Souverains d'Europe : comme ils n'ont encore aucune *Societé permanente* entr'eux, ils n'ont aucune Loy propre à décider *sans Guerre* leurs differens; car quand même par les conventions de leurs Traitez ils pourroient prévoir & décider tous les cas qui peuvent donner naissance à leurs differens, ces Conventions peuvent-elles jamais être regardées comme des Loix inviolables, tant qu'il demeure en la liberté de l'un ou de l'autre des Prétendans de les violer sous des prétextes qui ne manquent jamais à celui qui ne veut pas s'y soûmettre, & chacun d'eux n'aura-t-il pas la liberté de les violer selon son caprice, tant qu'ils ne seront ni les uns, ni les autres dans la nécessité de les observer ? Et qui peut les mettre dans cette heureuse nécessité, que la force superieure d'une *Societé permanente, & suffisamment puissante,* s'ils en faisoient partie ; mais jusqu'à présent ils n'ont point formé entr'eux de *Societé permanente, & suffisamment puissante.* Quelques-uns ont à la vérité formé des Sociétez par des Traitez de Ligues, d'Alliances ; mais comme ces Traitez n'ont rien de solide qu'autant que dure la volonté des Alliez, ce ne sont point des *Societez permanentes.* Quelques autres ont de même commencé à former entr'eux des *Societez permanentes,* comme les treize Souverainetez Suisses, les sept Souverainetez des Péis-Bas ; mais comme ils n'ont pas embrassé dans leur Societé assez d'Associez, elle n'est pas *suffisamment puissante.*

Ainsi pour tout moyen d'obtenir leurs prétentions, les Souverains se trouvent reduits au sort de la Guerre ; car pour la voye des Arbitres, à quoi serviroit un Jugement Arbitral, puisque le condamné ne pourroit-être contraint à l'executer, & qu'il en faudroit toûjours revenir au moyen de la force ou de la

Guerre, pour l'y contraindre ? Et comme ce moyen a plusieurs inconveniens que nous exposerons plus au long dans la suite, nous en ferons seulement remarquer ici quelques-uns qui viennent au sujet de ce Discours.

PREMIER INCONVENIENT.

Ce moyen de terminer un different par la Guerre, ne le termine point réellement, tant que les deux Prétendans, ou leurs Successeurs subsistent, puisque le mauvais succez d'une Guerre n'a jamais persuadé au malheureux qu'il eût eu tort de l'entreprendre ; ainsi il n'a pas réellement abandonné ses prétentions, il n'a fait au contraire que les multiplier par les dommages qu'il a reçûs par les frais de cette Guerre qu'il a soutenuë, & par la portion du Territoire qu'il a été forcé de ceder dans le Traité qui l'a interrompuë : On peut facilement juger que pour faire revivre ses anciennes prétentions, & en faire valoir de nouvelles, il n'attend que le temps où il sera devenu plus fort, & où l'Etat ennemi sera devenu plus foible, soit par des Minoritez, soit par des dissentions domestiques, soit par quelque longue ou malheureuse Guerre étrangere; ainsi il est visible qu'entre personnes qui ne sont point membres d'une Societé suffisamment puissante & permanente, établie sur de bonnes Loix, les prétentions ne peuvent jamais être réellement terminées que par la destruction de l'un ou de l'autre des Prétendans.

En effet depuis qu'il y a des Souverains dans le monde, la Guerre n'a été discontinuée, les prétentions n'ont point cessé, les differens n'ont point été parfaitement terminez, que par la chute & la ruine des Maisons Souveraines, & par le bouleversement de leurs Etats. Il n'y a qu'à ouvrir les Histoires de tous les Peuples, on n'en verra aucun dont l'Etat n'ait été renversé plusieurs fois, on ne verra que Maisons d'illustres Souverains tombées dans l'anéantissement, & cela parce que jusqu'ici ils n'ont point eu de moyen sûr de terminer leurs differens sans Guerre.

Les Prétendans qui sont en *Societé permanente & suffisamment puissante*, ne se trouvent pas dans une pareille nécessité de se détruire entiérement l'un l'autre pour obtenir leurs prétentions. S'ils ont chacun cent mille livres de rente, & que ce qui est en dispute vaille mille livres de rente, ni eux, ni leurs descendans ne sont point obligez d'avoir une Guerre perpétuelle & immortelle; ainsi l'un d'eux peut perdre sa prétention sans risquer de perdre le reste de son bien, aucun d'eux n'a à craindre de l'autre pour luy ou pour ses gens, ni incendie, ni blessure, ni meurtre, ni aucune violence. D'où ces Seigneurs tirent-ils un si grand avantage, c'est qu'ils sont tous deux membres d'une *Societé permanente & suffisamment puissante?* Or on sçait que toute Societé ne peut subsister que par des Loix, qui puissent remédier à la division des membres, & les tenir unis malgré les sujets passagers de division: ces Loix sont les véritables liens de la Societé : ces liens sont forts & durables, à proportion que les Loix sont commodes aux Associez, équitables, claires, faites pour un plus grand nombre de cas differens & à proportion qu'elles sont bien observées, & sur tout bien autorisées & bien soûtenuës par la force de la Societé entiere, contre ceux qui dans les accez de leurs passions, sans songer à tous les biens que leur procure la Societé, seroient assez insensez pour vouloir la détruire autant qu'il est en leur pouvoir, en resistant aux Juges Interpretes vivans de ces Loix.

Les Prétendans qui ne sont point en Societé peuvent dire chacun de leur côté, la Pêche de cette Mer, de cette Riviere m'appartient toute entiere, *parce que je le veux.* Comme il n'y a point de Loix entr'eux, ils n'ont pour Regle, pour Loy, que leur volonté & leur bon plaisir; aussi n'ont-ils pour décider leur different, qu'un moyen qui doit leur coûter cent fois plus que ne vaut la chose disputée.

Deux Prétendans qui sont en Societé ne parlent pas ainſi : chacun d'eux prétendra la Pêche d'une Riviere, mais ils ont une autre Regle que leur volonté, c'eſt la Loy : chacun met de ſon côté quelque article de la Loy, & tous deux ſont dans l'heureuſe néceſſité pour terminer leur different, de s'en rapporter au Jugement de ceux que la Societé a établis Interpretes de la Loy. Or la voye du Jugement termine abſolument & pour toûjours les differens, & aneantiſſant pour jamais les prétentions, ils ne ſe trouvent point dans la malheureuſe néceſſité d'aneantir leurs voiſins pour ſe conſerver eux-mêmes : tous les Prétendans ſont conſervez, eux, leurs Familles, & leurs autres biens; au lieu que le *moyen de la Guerre* ne peut jamais aneantir les prétentions reciproques de ces hommes qui vivent ſans Loix, c'eſt-à-dire, des Souverains, que par l'aneantiſſement de la fortune & de la Maiſon de l'un des Prétendans. Tel eſt le premier inconvénient, tel eſt l'effet du défaut de Societé entre Souverains, & d'une *Societé permanente & ſuffiſamment puiſſante.*

II. INCONVENIENT.

Entre les enfans & entre tous les descendans & les divers Successeurs des Souverains qui ont été une fois en Guerre, les prétentions ne sont jamais parfaitement aneanties : de là vient qu'au milieu même de la Paix ils sont toûjours & avec raison en défiance, & obligez à une tres-grande dépense pour se tenir sur leurs gardes les uns à l'égard des autres, & qu'il n'y a jamais entr'-eux de liaison solide & permanente pour le Commerce.

Rien au contraire n'est plus commun dans une Societé permanente, que de voir en liaison d'amitié & d'interest les enfans de ceux qui ont eû des Procez l'un contre l'autre, c'est que ces Procez sont réellement terminez, & que toutes les prétentions sont entiérement anéanties ; ainsi chacun joüit en pleine confiance de tous les avantages du Commerce.

III. INCONVENIENT.

Les Souverains d'Europe n'ont point de *Sûreté suffisante* de la conservation de leurs Souverainetez ; car quelque puissans qu'ils soient, la division se peut mettre dans leur Maison, dans leurs Etats, les Chefs peuvent tomber en minorité, en imbécillité : outre cela s'ils sont foibles, ils peuvent estre envahis & vaincus par des voisins plus puissans ; ainsi ils n'ont aucune *Sûreté suffisante* pour eux & pour leur postérité de posseder tranquillement & long-tems ce qu'ils possedent : il n'y a pour eux encore aucune *Societé permanente* établie qui soit assez *puissante* pour les protéger dans les tems de foiblesse contre les efforts des ambitieux, qui sont dans leur tems de force : si au contraire un Seigneur dans une Societé laisse des enfans en minorité, la Loy pourvoit à la sûreté de leurs personnes, à la conservation de leurs biens, & la force de la Societé les garantit parfaitement de toute violence,

& de toute usurpation.

D'ailleurs ceux dont les differens ont été terminez par Jugement, sont sûrs de posseder tranquillement ce qui leur appartient; c'est que la méme Loy qui régle & qui décide ce qui appartient à l'un, ce qui appartient à l'autre, ce que l'un & l'autre doivent posseder separément, les garentit & les défend par son autorité de toute invasion & de toute dépossession, & cette autorité vient de la force *toute puissante ou suffisamment puissante* de la Societé, puissance contre laquelle un membre voudroit inutilement se revolter: & il est d'autant plus éloigné de resister, que la punition de la résistance est grande & inévitable. Or cependant cette sûreté que chacun a pour soy & pour sa posterité de posseder tranquillement ce que l'on possede, & même ce que l'on pourra acquerir, est un des grands avantages que l'homme puisse avoir, & il ne sçauroit l'avoir que dans une Societé, & tant que cette Societé durera.

IV.

IV. INCONVENIENT.

Les Souverains peuvent se donner des paroles, s'engager par des promesses mutuelles, signer entr'eux des Traitez ; mais il n'y a nulle *sureté suffisante*, que l'un ou l'autre des Contractans ne changera pas de volonté, ou qu'un de leurs Successeurs ne voudra pas faire valoir quelque prétention ancienne, ou nouvelle pour se dispenser d'executer ce qui a été promis ; & si l'un d'eux change de volonté, quelle *sureté suffisante* y a-t-il qu'il y sera contraint par une force supérieure ? car enfin quand il n'y a pas de sureté pour l'execution volontaire d'une promesse, il faut au moins *sureté suffisante*, que cette promesse sera executée par le secours de la force, malgré le changement de volonté de celui qui a pris cet engagement. Or où trouver cette *sureté suffisante*, si ce n'est par une *force permanente suffisamment supérieure* ? Car si le refusant croit pouvoir la surmonter, il recommencera la guerre, au lieu de conserver la Paix ; mais dans la constitution presente de l'Europe, peut-on trouver une force permanente suffisamment supérieure, pour ôter à tout Souverain l'esperance de réüssir en prenant les armes ?

S'il se trouve de l'obscurité dans le Traité, qui l'éclaircira ? s'il s'y trouve de l'équivoque, qui la levera avec une *autorité suffisante* ? Car alors qu'une des parties cherche à se dispenser de s'acquiter d'un engagement, l'équité elle-même auroit beau se rendre visible, ou par les articles des Traitez, ou par le Jugement des Arbitres, tout cela est inutile sans deux conditions essentielles à l'Arbitrage. La premiere, c'est que les Arbitres soient plus forts que celuy qui refuseroit d'exécuter ou les articles du Traité, ou leur Jugement, & que leur supériorité de forces soit assez grande pour lui ôter toute espérance de la surmonter, & toute tentation d'y resister. La seconde, il faut que ces Arbitres soient *suffisamment intéressez* à poursuivre cette exécution.

Or c'eſt ce qui eſt parfaitement impoſſible entre les Souverains dans la conſtitution preſente de l'Europe, où il n'y a encore nul Congrez general & perpétuel de leurs Députez, nulle *Societé permanente* formée, nulle Convention pour l'établiſſement de Loix propres, ſoit pour mettre des bornes ſtables & immuables aux Etats, ſoit pour décider & prévenir les ſujets de differens qui peuvent ſurvenir entr'eux, ſoit pour rendre le Commerce univerſel, libre, franc, égal, ſûr, perpétuel chez toutes les Nations, ſoit enfin pour rendre cette Societé d'Arbitres ſuffiſamment puiſſante & parfaitement inébranlable.

Les Seigneurs d'un même Etat ont au contraire l'avantage d'avoir un Commerce libre, égal, ſûr, perpétuel & univerſel dans l'étenduë du même Etat avec leurs pareils, ſoit avec les plus riches, ſoit avec les moins riches : & comme le Commerce ne ſe peut pas toûjours faire par des échanges actuels, ils peuvent facilement y ſuppléer par des échanges promis. En un mot la promesse alors, sur tout quand elle est écrite, quand elle est dans un Traité, est un équivalent de l'échange & du payement actuel: c'est que la Societé dont ces Seigneurs sont membres, autorise ces promesses, elle en est elle-même garante, & elle est toûjours dans la volonté de prêter sa force contre celui, qui ayant changé de sentiment, voudroit se dispenser d'exécuter ponctuellement ce qu'il a promis: il faut qu'il obéïsse à la Loy qu'il s'est imposée, parce qu'il y a une Loy, une force supérieure qui l'y contraindroit malgré lui, & qui le puniroit même infailliblement de son inutile résistance.

Qui peut arrêter, qui peut retenir un homme emporté par le mouvement d'une passion injuste? Une seule chose, c'est un mouvement contraire causé par une passion plus forte, soit désir, soit crainte; mais comme rarement on peut faire naître subitement un plus grand désir que celui qui l'agite, la Loy est réduite à faire naître en lui la crainte d'un mal plus fâcheux

& plus terrible que le bien qu'il désire ne peut paroître desirable. Car enfin qu'est-ce qui determine le Citoyen à executer un Arrest, par lequel il est condamné, & qu'il croit très-injuste, si ce n'est la certitude que ses efforts seroient inutiles pour resister au pouvoir des Juges, & qu'il risqueroit encore de perdre le reste de sa fortune, & celle de sa famille, s'il vouloit opposer sa force à la force de la Societé? Ainsi la grande crainte fait taire alors les passions les plus vives & les plus impetueuses, & conduit malgré lui ce membre de la Societé vers la Paix, c'est-à-dire, vers son propre interest.

Il seroit peut-être assez mal-avisé, pour souhaiter que la Societé n'eût ni la volonté, ni la force de faire exécuter cet Arrest, sans songer que si cela étoit, elle manqueroit par la même raison de volonté & de force pour faire exécuter plusieurs Arrests beaucoup plus importans que lui-même ou ses Prédécesseurs ont obtenus, ou que sa Posterité obtiendra contre des Chicaneurs : Il voudroit pouvoir n'être point contraint à executer une clause d'un Contrat, sans songer que par la même raison la Societé ne pourroit, ni ne voudroit contraindre ses Debiteurs à executer les promesses qu'ils lui ont faites par de semblables Contrats ; ainsi ses Fermiers se pourroient dispenser de lui payer ses fermages ; ses Rentiers, de lui payer ses rentes, & de fort riche qu'il est, il deviendroit en un moment gueux & miserable. Il ne s'apperçoit pas dans son emportement que cette même Loy qu'il voudroit avoir la liberté d'enfraindre & d'anéantir, est l'unique source de ses richesses, & même de la sûreté de sa vie : c'est ainsi que la Societé par sa grande force peut inspirer à l'Associé une crainte assez grande pour arrêter la fougue d'une grande passion : c'est ainsi qu'une crainte salutaire le force à l'observation d'une Loy, qui lui est, à tout prendre, infiniment avantageuse.

V. INCONVENIENT.

Telle est la constitution de l'Europe, que les Souverains ne sçauroient se promettre justice dans des affaires d'une médiocre importance, qu'en se déterminant aux frais immenses des Armemens de Terre & de Mer ; c'est qu'ils n'ont *nulle societé permanente, & suffisamment puissante :* ils ne sont convenus d'aucunes Loix suffisantes, soit pour fixer les bornes du Territoire de chaque Etat, soit pour rendre le Commerce entre leurs Peuples commode, sûr, égal, universel & perpétuel : ils ne sont convenus d'aucuns Arbitres ou Interpretes des Loix de leur Societé, & tant qu'ils demeureront sans Societé, ils ne sçauroient apporter des remedes à leurs maux.

Deux Seigneurs qui ont un Procez, ne prennent point les armes, ni eux, ni leurs parens, ni leurs amis, ni leurs Domestiques, ni leurs Vassaux : ils ne mettent ni leur vie, ni leur fortune au hazard des combats : ils ne sont point obligez pour avoir justice à faire les frais d'un Armement qui leur coûteroit vingt fois plus que le sujet du Procez : ils ne sont point obligez à soûtenir pendant plusieurs années cette dépense ruïneuse : mais d'où leur vient un si grand avantage ? C'est qu'ils sont membres d'une *Societé permanente*.

VI. INCONVENIENT.

Dans chaque Societé ceux qui n'ont point de Procez, ne sont pas assez malheureux, pour estre obligez d'entrer dans les Procez de leurs voisins : mais entre les Souverains ce n'est pas de même ; tout Souverain doit craindre qu'aucun de ses voisins ne deviene trop puissant par ses Conquêtes ; ainsi c'est une necessité, quand la Guerre s'allume entre deux Souverains, qu'elle s'allume encore peu à peu entre beaucoup d'autres, & la cause de cet embrasement est la crainte raisonnable de l'agrandissement d'un voisin, qui peut devenir injuste &
ennemi

ennemi. Or tant que les Societez particulieres de l'Europe ne feront point entre elles une Societé generale, tant que les Etats particuliers ne composeront point une Assemblée perpétuelle d'Etats Generaux d'Europe, tant que tous ces membres demeureront separez, & ne formeront point le *Corps Européen*, il n'y a point de *preservatif suffisant* contre ces malheurs : il faut absolument une Societé qui prévienne tous les différents importans, & qui puisse terminer *sans Guerre* tous les petits ; une Union, dont la principale baze soit d'empêcher tout agrandissement de Territoire, en conservant chacun dans ses limites actuelles ; car pour les autres espéces d'agrandissement qui peuvent arriver par la bonne police, par la perfection des Loix, par d'utiles Etablissemens, par le progrez des Arts & des Sciences, par l'augmentation du Commerce, loin qu'ils fussent défendus, ils seroient au contraire proposez aux Princes les plus habiles comme une des principales recompenses de leur habilité.

C

Les Souverains vont faire la Paix: les plus sages prendront toutes les garanties, toutes les sûretez possibles pour la rendre durable; mais qu'on nous dise quelles garanties, *quelles sûretez suffisantes* ils peuvent prendre pour cette durée: s'ils laissent l'Europe dans la forme & dans la constitution où elle est, un Prince mécontent de cette Paix ne peut-il pas dans deux ans recommencer la Guerre? Ses voisins pourront-ils se dispenser d'armer de leur côté, & de prendre parti dans cette Guerre? Qui l'empêchera d'armer? Car enfin qu'est-ce qui peut engager ce Souverain à prendre les armes? N'est-ce pas uniquement l'espérance d'être mieux? Qu'est-ce qui peut le dissuader de les prendre? N'est-ce pas la crainte bien fondée d'être incomparablement pis? Mais qui peut lui causer cette crainte, une force *suffisamment supérieure* à la sienne? Mais où trouver cette force *suffisamment supérieure*, tant que toutes les forces de l'Europe ne seront point réünies en un même corps?

VII. INCONVENIENT.

Les Seigneurs ont beau avoir des procez, leurs Vaſſaux ne laiſſent pas d'avoir commerce enſemble : mais la Guerre entre Souverains interrompt entiérement tout commerce entre les Sujets les uns des autres. Ceux qui ont examiné ce que peut valoir à la France le Commerce étranger, conviennent que cela monte au moins au tiers de la valeur de tous les revenus du Royaume en fonds de terre : or ces revenus montent à plus de quatre cens cinquante millions, y compris le Clergé ; donc ſi la France étoit privée de tout Commerce étranger, elle perdroit chaque année plus de cent cinquante millions.

Le Commerce étranger des Anglois monte à deux fois plus que le revenu de l'Angleterre en fonds de terre ; de ſorte que s'ils ont cent dix millions en fonds de terre, le Commerce étranger leur vaut plus de deux cens vingt millions. A l'égard des Hollandois, ce Commerce leur vaut encore plus à proportion, & va à quatre fois plus que ne monte leur revenu en fonds de terre; car si celui-ci monte à cinquante millions, leur Commerce étranger leur vaut plus de deux cens millions. Or n'est-il pas visible que lorsqu'il n'y aura nulle *Societé permanente* entre les Etats Chrêtiens, le Commerce sera souvent interrompu entre leurs Sujets ? Cependant quelles prodigieuses pertes ne causent point ces frequentes interruptions, & aux Souverains & à leurs Sujets ?

REFLEXION

Sur ces Inconveniens.

Il sembleroit à considerer d'un côté tous les maux que souffrent les Souverains, faute de se mettre en Societé les uns avec les autres, & de l'autre tous les avantages que les Associez tirent de la *Societé permanente*, dont ils sont membres; il sembleroit (dis-je) que je voudrois conclure que la condition d'un Sujet riche & puissant seroit à tout prendre préferable à celle de son Souverain : mais il n'est pas difficile de comprendre que lorsque j'ay exposé les malheurs de l'une & les avantages de l'autre, je n'ai voulu faire sentir autre chose, sinon que sans le benefice de la Société, ce Sujet vivroit lui-même comme un Sauvage, sans aucune sûreté, ni pour ses biens, ni pour la conservation de sa famille, ni pour sa vie même, qu'il seroit chaque jour dans le péril d'être surpris & égorgé par celui avec qui il auroit quelque chose à disputer ou à partager, & que n'ayant plus de Loi qui asûre aucun fonds, aucun meuble, aucun bien, il seroit tous les jours à luter contre la nécessité dans une inquiétude perpétuelle de sa subsistance & de celle de sa famille, comme sont les Chefs de famille des Sauvages; je n'ay voulu montrer qu'un seul point, c'est qu'il est infiniment plus avantageux à tout homme d'être en *Societé permanente* avec ses pareils ou presque pareils, que de n'y pas être ; & delà j'ai conclu qu'il manqueroit toûjours un bonheur infini aux Souverains Chrêtiens, tant qu'ils ne feroient point entr'eux tous *Societé permanente*, pour donner au plus foible sûreté suffisante contre le plus fort, pour prévenir les principaux sujets de division entr'eux, pour avoir un moyen infaillible d'avoir justice *sans Guerre* sur ce qui restera de petits differens, & pour avoir *sureté suffisante* de la continuation du Commerce entre toutes les Nations Chrêtiennes.

Tel est le but de la comparaison que j'ai faite des biens que produit la *Societé permanente* en général & des maux que cause la *non-Societé*; Il est donc facile de comprendre que toute cette comparaison n'est faite que pour faire toucher au doigt que par une Société nouvelle entre pareils, les Souverains d'Europe peuvent rendre leur condition beaucoup meilleure qu'elle n'est presentement, en gardant d'un côté, & augmentant tous les avantages de Souverain, & de l'autre en acquerant encore tous les nouveaux avantages que leur produira la nouvelle qualité de membre d'une *Societé permanente*, avantages immenses dont ils ne peuvent jamais joüir que par la formation de cette Societé.

REFLEXIONS

Sur le peu de solidité des Traitez de Ligues & de Garanties entre ceux qui n'ont point de Societé permanente suffisamment puissante.

J'Ai montré qu'il n'y auroit jamais aucune *sureté suffisante* pour l'execution des Traitez de Paix & de Commerce en Europe, tant que le Refusant ne pourroit point être contraint par une force suffisante à les executer, & que l'on ne trouveroit point cette force suffisante, tant qu'il ne s'établiroit point de *Societé permanente* entre *tous* les Etats Chrêtiens.

Les Politiques en faveur surtout des Princes moins puissans, ont encore imaginé les Traitez de Ligue défensive & offensive, pour se mettre à couvert des efforts des plus puissans: ces mêmes Politiques pour rendre les Traitez de Paix plus solides contre l'humeur inquiete des Princes ambitieux, ont encore imaginé, en faveur des Princes pacifiques, de faire entrer dans ces Traitez de Paix, plusieurs Souverains seulement, comme Garants de l'execution des promesses reciproques. Il est certain que rien ne seroit plus propre à la fin que se proposent ces Politiques, si ces Ligues, si ces promesses de Garanties n'étoient pas, par la nature de ceux qui les font, tres-sujettes à n'avoir aucun effet; mais par malheur rien n'est plus ordinaire que de voir quelqu'un des Alliez ou des Garants, ou cesser de *vouloir* l'execution du Traité, lorsqu'il le peut, ou cesser de le *pouvoir*, lorsqu'il le veut.

On change de volonté, parce que l'interêt, ou véritable, ou apparent qui a fait signer le Traité, a changé lui-même. J'appelle un interêt véritable, celui que les plus sages suivent ordinairement pour augmenter leurs richesses, leur reputation & leur pouvoir, pour affermir & agrandir ou leur Maison, ou leur Etat. J'appelle interêt apparent, un

pour l'Europe. 33

intérêt paſſager peu ſolide, qui vient ou de quelque paſſion paſſagére ou de quelque eſpérance frivole & mal-fondée ; l'ambition déréglée ſuffit même pour faire recevoir à l'imagination les eſpérances les plus vaines & les vûës les plus fauſſes ; alors les plus legers ſujets de ſe plaindre, les prétentions les plus éloignées ſervent de prétextes ſuffiſans pour ne plus tenir les promeſſes; d'ailleurs les Contractans ne ſont pas immortels: un d'eux meurt : il arrive un Succeſſeur qui a des vûës toutes différentes, & qui ne ſe croit pas toûjours obligé de remplir les engagemens de ſon Prédéceſſeur. Voilà comment les Alliez ſe diviſent ; voilà ce qui fait que les Princes ceſſent de *vouloir* exécuter ce qu'ils ont promis, quand ils le peuvent. L'hiſtoire eſt remplie de pareils exemples.

Comme quelques Souverains ceſſent de *vouloir* exécuter leurs promeſſes, lorſqu'ils le pourroient, il arrive ſouvent qu'ils ceſſent de le *pouvoir*, lorſqu'ils le voudroient : ils ſe trouvent engagez dans des Guerres civiles qui les épuiſent, & ils sont obligez d'entrer dans une Guerre étrangere, imprévûë & ruineuse; voilà des sources tres-ordinaires de la cessation du *pouvoir*.

Il me semble donc que le Lecteur est presentement en état de juger que *tant que la constitution de l'Europe demeurera telle qu'elle est, il est impossible de prévenir les différens entre les Souverains, qu'il est impossible qu'ils les terminent sans Guerre, qu'il est impossible de trouver une sûreté suffisante pour l'exécution des promesses reciproques, soit celles qui se sont faites par leurs Traitez passez, soit celles qui se feront par leurs Traitez à venir, & qu'il est par conséquent absolument impossible que les Traitez produisent jamais une sûreté suffisante pour la durée de la Paix*, & c'est la premiere proposition que je m'étois proposé de démontrer dans ce Discours.

SECONDE PROPOSITION
a Demontrer.

L'Equilibre de puissance entre la Maison de France & la Maison d'Autriche ne sçauroit procurer de sûreté suffisante, soit pour la conservation des Etats, soit pour la continuation du Commerce.

JE pouvois me contenter de prouver la vérité de cette proposition par des preuves directes; il semble même que je devois attendre à la fin de l'Ouvrage à comparer le Systême de l'Equilibre au Systême de la Société permanente de l'Europe; & il est vrai que l'on ne sent guéres toute la force de la comparaison, que lorsque les choses comparées sont bien connuës: mais j'ai crû que le Lecteur pouvoit bien me faire crédit de quelques heures, achever de lire l'Ouvrage, & revenir ensuite, s'il le juge à propos, à relire cette comparaison; & d'ailleurs comme j'ai à lui faire sentir en cet endroit la foiblesse & l'inutilité du Systême de l'Equilibre, j'ai compris que cette opposition des deux Systêmes, quoi qu'imparfaites, ne laisseroit pas de faire son effet, & de faire valoir les preuves directes.

Je trouve cinq avantages infiniment considérables dans le Systême de la Societé Européenne.

1º. C'est un préservatif sûr contre le malheur des Guerres étrangeres, au lieu que l'Equilibre n'est rien moins qu'un préservatif.

2º. C'est un préservatif sûr contre le malheur des Guerres civiles des Etats qui entreront dans l'Union, au lieu que l'Equilibre n'en garantit point du tout.

3º. On trouve dans l'Union une sûreté parfaite pour la conservation de chaque Etat, au lieu que l'Equilibre n'opére qu'une sûreté tres-imparfaite.

4º. On y trouve une sûreté parfaite de la continuation du Commerce, au lieu que l'Equilibre ne peut qu'en causer l'interruption.

5º. Il est plus difficile & de plus de dépense d'établir l'Equilibre, &

de le maintenir quelques années, que d'établir la *Societé permanente*, & de la maintenir à perpétuité.

PREMIER AVANTAGE
A l'égard des Guerres civiles.

L'Equilibre par sa nature est une situation, où tout ce qui est en balance est tres-facile à être mis & à être conservé en mouvement ; la moindre cause intérieure ou extérieure suffit pour lui donner un mouvement nouveau, ou pour faire continuer celui qu'il avoit déja ; ainsi l'Equilibre des deux Maisons peut bien permettre quelque cessation de mouvement, quelques Treves ; mais loin de pouvoir produire un repos solide, une Paix inaltérable, il donne à tout Souverain ambitieux, impatient, inquiet la facilité de recommencer la Guerre, & même de la faire durer plus long-tems, quand elle sera recommencée, puisque d'un côté ce Souverain peut être excité à cette entreprise par des espérances flateuses, & ne peut jamais en être détourné par une tres-grande crainte, puisqu'on suppose qu'étant en Equilibre de puissance, il y a à peu prés autant de raisons d'espérer, que de sujets de craindre ; & d'un autre côté ne sçait-on pas que ce qui fait durer plus long-tems le combat, c'est l'Equilibre qui se garde plus long-tems entre les forces des Combattans.

Si l'évidence du raisonnement ne suffit pas, que l'on consulte l'expérience, que l'on voye ce qui est arrivé depuis deux cens ans dans le Systême de l'Equilibre, qu'on lise l'histoire de l'Europe ? Qu'est-ce qu'a operé ce malheureux Systême, sinon des Guerres presque perpétuelles ? Combien peu a duré la *Tréve* de Vervins ? Je ne sçaurois appeller d'un autre nom une Paix qui ne peut pas durer. Combien de tems au contraire a duré la Guerre depuis la fin de cette Tréve jusqu'à present ? Tel est l'effet de cet Equilibre si desiré. Or le passé ne nous instruit-il pas que d'une cause semblable, on ne doit attendre pour l'avenir que de semblables effets ? Et qui ne voit pas que dans le Systéme de l'Equilibre on ne trouve de sûreté que les armes à la main ? Et qu'ainsi l'on ne peut jamais joüir de sa liberté, qu'aux dépens de son repos.

Dans l'Union de l'Europe au contraire il n'y aura plus deux partis en Equilibre de forces, & comme entre les Souverains unis il n'y aura plus qu'un même but, qui est de conserver toûjours le trésor de la Paix, il n'y aura plus qu'un même parti, toutes les forces seront réünies & dirigées vers ce but; de sorte qu'il ne pourra plus venir à l'esprit d'un Prince aucun désir de troubler ce repos, puisqu'il seroit mis au Ban de l'Europe, & qu'il ne pourroit pas s'empêcher d'être dépossedé pour toûjours dès la premiere Campagne.

Qu'on fasse attention que depuis l'Union des Allemans, il n'y a point eu entr'eux de Guerres, ou qu'il n'y en a point eu qui ayent duré ou qui ayent eu quelque suite, si ce n'est lorsque quelques-uns de ses membres ont fait des Unions particuliéres avec des Souverains étrangers, d'où vient cela ? C'est que les plus témeraires, les plus inquiets sont retenus par la crainte du Ban de l'Empire, & qu'aucun d'eux ne peut espérer de se soûtenir seul une seule Campagne contre tous, sans être entiérement dépossedé ; aussi aucun d'eux ne s'allie avec un Souverain étranger, que dans l'espérance que cette Alliance le mettra à couvert de la peine du Ban, & que par le premier Traité de Paix qui interviendra, il conservera non-seulement sa Souveraineté en entier, mais qu'il obtiendra encore justice sur les prétentions qui lui ont fait prendre les armes. Qu'est-ce qui resulte de cette considération ? Une démonstration sensible, que si ces membres du Corps Germanique n'eussent point eu de Voisins puissans qui n'eussent fait partie de ce Corps, il n'y auroit jamais eu de Guerre entr'eux ; c'est-à-dire, que si cette Union, au lieu de se borner à l'Allemagne, eût embrassé tous les Souverains de l'Europe, il n'y n'y auroit jamais eu de Guerre, ni en Allemagne, ni dans le reste de l'Europe.

SECOND AVANTAGE

A l'égard des Guerres civiles.

Il est certain que tout ce qu'espérent les Princes d'Europe qui sont moins puissans, de l'effet de l'Equilibre, c'est la conservation de leurs États contre l'ambition de l'une ou de l'autre des deux grandes Puissances, & qu'ils n'attendent pas du Systême de l'Equilibre qu'il les garantisse des Séditions, des Revoltes, & des Guerres civiles.

Nous voyons au contraire qu'un des plus importans effets de l'Union Européenne, ce sera de préserver infailliblement, tant les Etats moins puissans, que les plus puissans, de toute Sédition, de toute Revolte, & surtout de toute Guerre civile ; c'est que dès que tout le monde sçait que, hors le parti du Souverain, le premier parti qui prendra les armes, sera declaré en nemi de l'Union, & iufailliblement vaincu & puni rigoureusement par les forces suffisamment puissantes des Souverains unis, la Sédition, la Revolte ne sçauroit avoir des Chefs dignes de confiance ; ainsi ou elle ne commencera pas, ou elle se dissipera d'elle-même.

L'Equilibre ne sçauroit donc garantir de la Guerre civile, qui, au jugement des plus sages, est de tous les maux d'un Etat le mal le plus terrible & le plus funeste ; & en effet que l'on consulte l'expérience même, qu'on lise dans l'histoire ce qui est arrivé dans l'Europe depuis deux cens ans, & l'on verra un grand nombre de Guerres civiles en Allemagne, en France, en Flandres, en Angleterre. Ne sont-elles pas toutes nées au milieu du Systême de l'Equilibre, & seroient-elles jamais nées, si *l'Union Européenne* que je propose, eût été dès-lors formée.

TROISIE'ME AVANTAGE.

Chaque Etat a plus de sûreté pour sa conservation dans le Systême de l'Union.

L'Equilibre, quand il seroit établi, n'a rien de fort solide ; ainsi ce seroit toûjours un garant fort incertain de la conservation des Etats.

1o. Nous venons de voir que l'Equilibre ne garantit point des Guerres, ni civiles, ni étrangeres : l'Europe sera donc toûjours sujette aux événemens de la Guerre : or qui ne sçait que tout ce qui dépend du sort des armes, du succez des batailles, n'est rien que de fort incertain ? & que par conséquent les Etats demeurent toûjours exp oez aux plus fâcheuses revolutions.

2o. Après l'établissement de cet Equilibre qui aura coûté la vie à une infinité d'hommes, & des sommes immenses aux Anglois, aux Hollandois, aux Portugais & aux autres Alliez de la Maison d'Autriche, où est l'impossibilité qu'une

Maison devienne en moins de cinquante ans la moitié plus foible que l'autre par les minoritez, par les regences, par les Guerres civiles, par les mauvaises Loix, tandis que l'autre se fortifiera par le voyes contraires, ce qui est déja arrivé ne peut-il pas encore arriver ? Qu'on se souvienne de la formidable puissance de la Maison d'Autriche sous Charles-Quint, & surtout de la Branche d'Espagne dans les premieres années du Regne de Philippe second son fils ? Il n'y a personne qui ne sçache que cette seule Branche étoit alors plus puissante que la Maison de France ; & qui de nous ignore que cinquante ou soixante ans aprés sa mort, cette même Branche affoiblie par un mauvais Gouvernement, n'avoit pas la quatriéme partie des forces de la Maison de France qui s'étoit fortifiée par un Gouvernement fort différent ?

Si dans cent ans la Maison de France tomboit par des minoritez & des divisions intestines dans un affoiblissement semblable, ne faudroit-il pas alors que les Anglois

& les Hollandois prissent les armes pour faire des conquêtes sur la Maison d'Autriche, en faveur de la Maison de France ? Rien n'est donc plus inconstant & plus difficile à maintenir que cet Équilibre.

A l'heure qu'il est que l'Empereur reste seul de sa Maison, & qu'il n'a point d'enfans de l'Imperatrice qui est aussi jeune que lui, il est incertain si cette Maison ne finira pas avant trente ans, avant vingt ans : en ce cas tout l'édifice de l'Equilibre ne tombera-t-il pas en ruine ? Cet édifice qui a tant coûté & pour lequel les Alliez se proposent de faire encore tant de dépense : n'est-ce pas là encore une source d'incertitude ?

4°. L'Equilibre des deux Maisons ne peut se conserver que par l'Equilibre de leurs Alliez : or qui peut avoir certitude qu'une Maison ne pourra jamais avoir des Alliez plus puissans que l'autre ? Il n'y a donc à tout cela que beaucoup d'incertitude, & par conséquent la sûreté est tres-petite, bien loin d'être suffisante.

5º. Si une Maison devient plus forte & l'autre plus foible, & si leurs Voisins sont alors en Guerre, qui empêchera la plus forte d'accabler la plus foible.

6º. On suppose qu'un Prince moins puissant ne sçauroit jamais être gagné par des avantages présens & spécieux, qu'il ne sçauroit se laisser conduire par la jalousie ou par la vangeance pour se lier contre son vrai interêt avec le plus fort. On suppose que les passions ne puissent pas lui faire faire des fautes grossiéres dans la conduite ; il est vrai que cela n'est pas ordinaire, mais enfin ils en font quelquefois de telles. Or ces fautes peuvent être décisives pour rompre cet Equilibre ; ainsi voilà encore une source d'incertitude.

7º. Il y a une autre source perpétuelle d'*Inéquilibre* entre les Souverainetez égales, c'est l'inégalité des génies des Souverains ; c'est proprement dans les plus grandes places que l'on voit avec plus d'évidence la vérité du Proverbe *tant vaut l'homme, tant vaut sa terre*. Je n'ai pour faire sentir cette grande différence, qu'à opposer un Roy d'Espagne à un autre Roy d'Espagne ; le Roy Charles premier, c'est-à-dire, l'Empereur Charles-Quint au Roy Charles second le bisayeul à l'arriére petit-fils. Il est vray que Charles-Quint avoit la Hollande de plus que n'avoit Charles second ; mais qu'est-ce que c'étoit que la Hollande du tems de Charles-Quint, en comparaison du Portugal & de ses Places dans les Indes & des Philipines que Charles second avoit de plus que Charles-Quint ? L'Amérique méme du tems de Charles second étoit beaucoup plus étenduë & produisoit beaucoup plus d'or. Charles second eût-il jamais pû surmonter toutes les difficultez que Charles-Quint trouva à se mettre la Couronne Imperiale sur la tête : cependant avec des Etats égaux, quelle prodigieuse inégalité entre la puissance de l'un & la puissance de l'autre ! Or quand les Alliez seroient parvenus à former une égalité, un Equilibre entre deux Souverainetez, quel moyen peuvent ils jamais avoir pour rendre égaux les génies des Souverains qui doivent dans la suite gouverner ces Etats égaux ? Cependant sans ce moyen qui est impossible, n'est-il pas aussi impossible qu'ils ayent jamais aucune sûreté de conserver cet Equilibre seulement pendant un demi-siécle ? Or jusqu'à quand séduits par de vaines apparences prendront-ils pour une réalité spécieuse une chimére qui leur coûte déja tant d'hommes & tant de richesses, & qui leur en doit encore tant coûter.

Quand on aura donc rabattu sur la sûreté que l'on peut attendre du Systême de l'Equilibre toutes les choses incertaines, sur lesquelles son effet est fondé, on trouvera que non-seulement il ne garantit point du tout des Guerres, soit civiles, soit étrangeres ; mais que même à l'égard de la conservation des Etats en leur entier, il n'a rien d'assez solide pour donner une *sûreté suffisante* à ceux qui peuvent avoir la moindre prévoyance de l'avenir.

Au contraire le Systéme de l'Union générale de l'Europe n'a aucun de ces défauts ; sa solidité ne dépend point des hazards de la Guerre, puisque la Guerre y devient impossible. On n'a point à y craindre l'affoiblissement d'une Maison, ou de toute autre puissance, puisque cet affoiblissement n'affoiblit point l'Union, & que d'ailleurs ordinairement les autres membres se fortifient de ce dont un des membres s'affoiblit. Que la Maison d'Autriche vienne à finir, ses Etats ne finissent pas, & de quelque maniére qu'ils soient gouvernez dans la suite, leurs forces restent, elles subsistent pour la sûreté de l'Union.

QUATRIE'ME AVANTAGE,

A l'égard de la continuation du Commerce.

On vient de voir que loin que l'Equilibre soit un préservatif contre les Guerres, s'il est parfait, il ne fait qu'en augmenter le nombre & la durée ; & s'il est imparfait, les

Princes moins puiſſans, qui ſuivent ce Syſtême, en ont moins de ſûreté pour la conſervation de leurs Etats en leur entier, & pardeſſus il en réſulte que les Guerres civiles & étrangéres n'en ſçauroient être, ni moins fréquentes, ni moins durables ; ainſi ce Syſtême ne remedie point à l'interruption du Commerce, ſoit intérieur, ſoit étranger.

Au contraire dans le Syſtême de l'Union, où toutes ſortes de Guerres ſont impoſſibles, ou de tres-peu de durée, le Commerce ſoit intérieur, ſoit étranger, ne ſçauroit être preſque jamais interrompu.

CINQUIE'ME AVANTAGE.

Le Syſtême de l'Equilibre eſt de plus de dépenſe ; il eſt même plus difficile à établir & à maintenir, que le Syſtême de l'Union Européenne.

Nous avons vû que le Syſtême de l'Union eſt infiniment au deſſus du Syſtême de l'Equilibre, puiſqu'il garantit des Guerres étrangéres & des Gueres civiles, qu'il donne incomparablement plus de sûreté pour la conservation des Etats en leur entier, & qu'il procure la continuation inaltérable du Commerce intérieur & étranger ; mais quand l'Equilibre procureroit les mêmes avantages, il seroit encore bien moins souhaitable, si, pour l'établir, le maintenir & le rétablir, quand il est détruit, il faut courir plus de hazards, & faire une dépense incomparablement plus grande, que pour établir & maintenir l'Union.

Or il n'y a qu'à faire refléxion sur toutes les dépenses qu'a faites l'Europe en differentes Guerres depuis deux cens ans, soit pour maintenir, soit pour rétablir cette vaine idole à laquelle les Nations sacrifient si aveuglément, si inutilement, & depuis si long-tems tant d'hommes & tant de richesses ; & l'on verra que ces seules richesses valent quatre fois plus que ne vaut en capital le revenu de toute espéce de l'Europe entiére, de sorte que si au lieu de se contenter du Systême de l'Equilibre, on eût établi la Societé Européenne il y a deux cens ans, l'Europe seroit quatre fois plus riche qu'elle n'est, elle ne seroit pas divisée en tant de Religions différentes, & les Arts & les Sciences auroient été portez incomparablement plus loin qu'ils ne sont.

Que si l'Union ne s'établit pas, qu'on fasse attention à ce qu'il en coûtera encore d'ici à deux cens ans, soit pour maintenir, soit pour rétablir cet Equilibre ; Et qui doute que si les Anglois, les Hollandois & les autres Alliez parvenoient à conquerir presentement l'Espagne pour la Maison d'Autriche, ils ne fussent peut-être obligez dans cent cinquante ans de faire les mêmes dépenses pour la reconquerir en faveur de la Maison de France, si elle se trouvoit trop affoiblie par plusieurs divisions, & par plusieurs minoritez successives.

Qu'en coûtera-t-il au contraire pour établir & pour maintenir l'Union ? Presque rien pour l'établir, si ce n'est la restitution de quelques Conquêtes injustes & mal assurées;

presque rien pour la maintenir, en comparaison des dépenses de la Guerre.

Il demeure donc pour constant, ce me semble, que *l'Equilibre entre la Maison de France & la Maison d'Autriche ne procure aucune sureté suffisante ni contre les Guerres civiles, ni contre les Guerres étrangéres, & ne donne par conséquent aucune sureté suffisante ni pour la conservation des Etats, ni pour la continuation du Commerce* : & c'est la proposition que je m'étois proposé de démontrer.

CONCLUSION DU DISCOURS.

La premiére idée qui vient à un Souverain moins puissant pour ne pas succomber sous les efforts d'un voisin beaucoup plus puissant, c'est d'intéresser d'autres Puissances dans sa querelle : & quand il trouve des Souverains prudens, il n'a pas de peine à leur persuader qu'ils ont un grand interêt d'empêcher qu'il ne soit accablé par le plus fort, puisque ce plus fort devenu plus puissant par ses Conquêtes, seroit bien-tôt beaucoup plus redoutable à chacun d'eux. Voilà le fondement de la plûpart des Traitez de Ligues particuliéres que font les moins puissans pour leur propre conservation contre les plus forts.

Il est impossible que lorsque les Souverains d'Allemagne ont commencé à joüir de leurs nouvelles Souverainetez, les plus forts n'ayent pas plusieurs fois tenté d'accabler les plus foibles, & que les plus foibles, pour n'être pas accablez, n'ayent eu autant de fois recours à des Traitez de Ligues avec leurs voisins pour leur conservation mutuelle.

Cette idée est donc bonne, elle seroit même excellente, si au lieu de la borner à une Societé particuliére de trois ou quatre Souverains, & pour un tems limité, les Alliez visoient à la rendre *permanente & suffisamment puissante*, c'est-à-dire, composée de tous les Princes Chrétiens.

Quand il s'éleve deux Souverains tres-puissans parmi des voisins beaucoup moins puissans, alors ceux-ci, outre leurs Ligues particuliéres, commencent naturellement à désirer de tenir ces deux Puissances divisées, & de conserver une sorte d'Equilibre entr'elles : ils sentent facilement combien leur liberté tient à la liberté de chacune de ces Maisons plus puissantes, & qu'ils n'ont plus nulle sûreté pour leur conservation, si d'un côté chacune de ces Maisons n'est conservée dans sa puissance, & si de l'autre l'on n'a soin de les tenir divisées entr'elles ; telle est la seconde idée qui vient à l'esprit, tel est le second pas de la politique pour éviter un second danger d'être assujetti par l'une de ces deux Puissances ; il est même impossible que dans ces premiers tems de la naissance des Souverainetez d'Allemagne, les plus foibles n'ayent fondé toute la sûreté de leur conservation sur ces deux idées d'Alliance & d'Equilibre ; mais il est impossible aussi qu'ils n'ayent vû dans la suite que si ces deux moyens suffisoient pour les garantir durant quelque tems de l'invasion de la part des plus forts d'entr'eux, ils ne les garantissoient nullement d'être souvent en Guerre les uns contre les autres, tantôt pour défendre leurs Alliez, tantôt pour se défendre eux-mêmes.

Ce n'est donc pas une idée nouvelle que l'idée de conserver l'Equilibre entre les plus forts : elle est simple, elle est naturelle, c'est une des premiéres qui vient à l'esprit ; aussi tel a été le progrez de la politique en Allemagne. Les Souverains virent bien que cet Equilibre si difficile & à établir, & à conserver, operoit à la vérité une *sureté passagére* contre l'ambition & l'injustice des plus puissans : mais le sage Auteur de l'Union Germanique en réfléchissant sur les sources des malheurs de la Nation, n'eut pas de peine à voir que ce remede, loin de diminuer le nombre de ces Guerres également ruineuses pour les plus foibles comme pour les plus forts, ne faisoit autre chose que les faire durer plus long-tems, & ne donnoit pas même de *sureté permanente* de la durée des Etats ; ce fut alors que ce grand génie eut occasion de s'élever jusqu'à la troisiéme idée, pour éviter le malheur des Guerres fréquentes & presque perpétuelles ; ce fut alors qu'il réprésenta aux Souverains qu'ils gagneroient tous infiniment à ne se plus contenter de cet Equilibre, qui ne donne aucune autre voye que la *Guerre*, pour terminer les differens futurs; mais de viser à une Union générale & permanente des Souverains de la Nation, & de faire qu'ils fussent perpétuellement réprésentez par leurs Députez dans les Dietes, afin d'avoir une sûreté permanente de terminer *sans Guerre*, par conciliation, ou par arbitrage les différens futurs, en imposant une peine tres-considerable, comme est celle du Ban, ou de la perte de ses Etats, à celui qui refuseroit d'exécuter le Jugement du Corps Germanique, & qui voudroit déformais soûtenir ses droits *par la force* contre tout le Corps.

Il n'est donc pas étonnant que pour leur conservation, les Princes moins puissans en Europe ayent mis d'abord en usage les deux premiers moyens, dont les Princes moins puissans en Allemagne se servirent autrefois pour la leur, c'est-à-dire, les Traitez & le maintien de l'Equilibre : mais il seroit fort étonnant que les Souverains d'Europe connoissant, sur tout depuis deux cens ans par une expérience pareille à celle qu'avoient eu les Souverains d'Allemagne, que les Ligues particuliéres & le maintien de l'Equilibre sont des moyens tres-insuffisans pour la sûreté des Etats, & qu'ils sont des moyens tout-à-fait inutiles pour empêcher la Guerre, ils ne portassent pas leurs vûës politiques aussi loin que les anciens Princes Allemans ; il seroit étonnant qu'après avoir vû clairement que comme il n'y avoit pour éviter un si grand mal en Allemagne, d'autre moyen, que l'*Union permanente* de l'Allemagne entiére perpétuellement représentée par des Députez de chaque Souverain dans une Ville libre d'Allemagne, ils ne vissent pas qu'il n'y a, pour éviter un si grand mal en Europe, qu'un

pour l'Europe.

seul moyen qui est l'*Union permanente* de l'Europe entiére, perpétuellement representée par des Députez de chaque Prince dans une Ville libre d'Europe ; nous allons encore plus éclaircir cette idée dans le Discours suivant. Je me suis borné dans celui-ci à montrer que *les moyens, dont on s'est servi jusqu'à present pour conserver la Paix, sont entiérement inéfficaces* ; c'est au Lecteur à juger si je suis parvenu au but que je m'étois proposé.

PROJET DE PAIX PERPETUELLE, POUR L'EUROPE.

SECOND DISCOURS.

Deux préjugés en faveur du Projet.

JE ne me propose dans ce Discours que de mettre dans tout leur jour deux puissans préjugez en faveur du Projet de la Societé Européenne. Le premier est tiré de la formation & de la durée de la *Societé Germanique*. Le second est tiré du Plan même de la *Societé Euro-*

péenne imaginé par Henry le Grand, & agréé de son tems par la plus grande partie des Potentats d'Europe.

PREMIERE PROPOSITION
A DEMONTRER.

Les mêmes motifs & *les mêmes* moyens *qui ont suffi pour former autrefois une Societé permanente de toutes les Souverainetez d'Allemagne, sont également en nôtre pouvoir,* & *peuvent suffire pour former une* Societé permanente *de toutes les Souverainetez Chrétiennes.*

JE crois avoir suffisamment prouvé deux choses dans le Discours précedent ; 1°. Que dans la constitution presente de l'Europe les Traitez entre les Souverains n'ont aucune *sureté suffisante* de leur exécution. 2°. Qu'il est impossible que le Systême de l'Equilibre rende la Paix durable en Europe ; qu'ainsi les malheurs de la Guerre se renouvelleront incessamment, & dureront tant qu'il n'y aura pas entre les Souverainetez Chrêtiennes une *Societé permanente* qui leur donne sûreté suffisante de l'exécution des promesses faites dans les Traitez, & qui soit l'arbitre des prétentions qui n'ont point été ou prévûës ou reglées par ces mêmes Traitez.

La premiere chose que demande presentement le Lecteur, c'est de sçavoir s'il est absolument impossible, ou s'il n'est effectivement que difficile de former peu à peu une Societé si désirable ; il ne faut pour s'en éclaircir, que pénetrer dans les motifs & dans les moyens qui ont formé l'Union Helvetique, l'Union Belgique, & particulierement l'Union Germanique, & l'on verra que ces mêmes motifs & ces mêmes moyens suffisent pour former une Societé encore plus grande, & qui pourra toûjours croître, jusqu'à ce qu'elle embrasse toute la Chrêtienté. Je me propose d'examiner ces motifs & ces moyens à fond dans les discours suivans : je me contenterai de montrer dans celui-ci que l'on ne trouvera pas plus de difficultez à former presentement *l'Union Européenne*, que l'on en trouva autrefois à former *l'Union Germanique*, & que l'Union Européenne produiroit d'aussi grands avantages à proportion aux Souverains d'Europe & à leurs Sujets, que l'Union Germanique en a produit & en pourroit produire aux Souverains d'Allemagne & à tous les Allemans.

Je sçai que les argumens que l'on tire des comparaisons ne suffisent pas toûjours pour convaincre, mais on m'avoüera aussi qu'ils servent du moins à disposer l'esprit à se laisser toucher aux preuves directes, & c'est cette disposition d'esprit du Lecteur où je me borne dans ce Discours, afin que les preuves du Discours suivant puissent faire sur lui l'effet naturel que font de bonnes preuves sur de bons esprits.

Je m'attacherai particuliérement à examiner l'Union Germanique; 1°. Parce que c'est un modéle plus en grand. 2º. Parce qu'il y a eu plus de difficultez à la former. 3º. Parce qu'il y a plus de convenance.

Dans le neuviéme siécle, sur la fin du Regne de Loüis le Débonnaire fils de Charle-magne, ensuite sous le Regne de ceux de ses Descendans qui gouvernerent l'Empire d'Allemagne, à mesure qu'ils perdoient de leur autorité, on voyoit les Duchez, les Comtez & les autres Gouvernemens immédiats se donner aux Ducs, aux Comtes pour toute leur vie ; quelques-uns obtenoient des survivances pour leurs enfans ; enfin il arriva des Regnes si foibles, que ces Gouvernemens devinrent peu à peu hereditaires, & comme ces Gouverneurs avoient tout droit & tout pouvoir sur les armes & sur la Justice, leurs Gouvernemens devinrent autant de Souverainetez, les unes plus grandes, les autres plus petites, qui ne tenoient plus à l'Empereur que par de tres-legers Tributs, par les Actes de foi & hommages, & par les Cérémonies

des

des investitures que l'heritier du Souverain Feudataire défunt prenoit de l'Empereur, & que l'Empereur ne pouvoit pas ordinairement lui refuser. Ils étoient seulement obligez, à cause de ces Fiefs Impériaux, d'entretenir & de mener des Troupes à l'Empereur à proportion de la grandeur de ces Fiefs, & seulement lorsque l'Empire étoit en Guerre. Un grand nombre d'Archevêques, d'Evêques & d'autres Ecclesiastiques, qui avoient des grands Fiefs, conserverent de même à leurs Successeurs le droit de la Justice & des Armes ; enfin long-tems après plusieurs Villes considerables se détacherent des Gouvernemens particuliers, & obtinrent de se gouverner elles-mêmes en Républiques sous la protection de l'Empereur & de l'Empire.

Ainsi du débris de la puissance & de la Souveraineté Imperiale, se forma une multitude prodigieuse de petites Puissances particulieres & de petites Souverainetez subalternes ; il en reste encore en Allemagne plus de deux cens : mais il y en avoit alors beaucoup davantage, parce que cet Empire étoit alors beaucoup plus étendu qu'il n'est aujourd'hui, & parce que plusieurs Souverains ont uni par differens droits & sous differens prétextes plusieurs Souverainetez aux leurs. Tel étoit à peu près l'état de l'Empire lorsqu'il passa des Princes descendus de Charlemagne, à d'autres Princes de Maisons differentes, lorsqu'il cessa d'être héreditaire en devenant électif.

Il étoit bien difficile, ou plûtôt il étoit absolument impossible qu'un si grand nombre de Souverains aussi voisins, aussi ambitieux, aussi jaloux de leurs droits, n'eussent souvent des démêlez ensemble, soit pour des successions, soit pour l'execution de quelque promesse, soit pour leurs limites, soit enfin pour le Commerce de leurs Sujets : ils n'avoient encore que la voye des Armes pour obtenir leurs prétentions ; aussi vit-on alors en Allemagne, tantôt une Contrée, tantôt une autre, tantôt toutes les Contrées ensemble desolées, &

par les Guerres du dehors, & par les Guerres du dedans qui sont les plus cruelles, & qu'on ne pouvoit alors empêcher de renaître incessamment l'une de l'autre ; il arrivoit même assez ordinairement que l'Empereur, ou qu'il ne pouvoit y remedier, faute de force, ou qu'il ne le vouloit pas, faute de bonne volonté, soit par jalousie, soit par la consideration de quelques intérêts particuliers, & comme c'est l'époque de la plus grande foiblesse des Empereurs, c'est aussi l'époque de la plus grande indépendance des Souverains feudataires : indépendance qui entretenoit leurs divisions, & qui fût toûjours très-malheureuse pour la Nation, tant qu'ils ne s'aviserent point du seul moyen qui pouvoit la garantir des malheurs de la Guerre.

Il étoit naturel dans ces calamitez publiques, que chacun cherchât selon l'étenduë de son esprit, quelque préservatif propre à les faire éviter, ou du moins quelque remede propre à les faire finir. Ce fut alors que l'on vit naître le plan de l'Union Germanique, pour ne faire de tous les membres de l'Empire qu'un même corps, afin d'y conserver la Paix, le Commerce, & l'Abondance, & de donner à chaque Souverain sûreté pour la conservation de ses Etats & pour l'execution des Traitez. Je ne sçai pas si ce Projet tomba d'abord dans l'esprit d'un Prince ou d'un Particulier. Je ne sçai pas non plus jusqu'où l'Auteur le porta d'abord; mais toûjours ce fut alors que l'Union commença à se former, elle ne se forma pas sans Projet, & ce fût dans ce tems-là que parut ce chef-d'œuvre de politique si digne d'un bon Prince, d'un bon Citoyen, & qui étoit si necessaire au salut de sa Patrie.

Or quel que soit ce sage Inventeur, on croira facilement que plusieurs de ceux qui lûrent son Projet, prévenus contre la nouveauté d'une pareille Societé, firent moins d'attention aux puissans motifs qui pouvoient faire conclure un pareil Traité, qu'aux difficultez de l'execution; ils virent un grand nombre de Souverains qui avoient une infinité de prétentions, d'interêts directement opposez, & sans approfondir davantage, ils jugerent que ces difficultez seroient toûjours insurmontables ; ainsi ils regarderent ce dessein comme une vision de Paix & de tranquillité qui étoit à la verité belle dans la speculation, mais inutile dans la pratique ; ainsi ils ne firent nul scrupule de décrediter comme chimérique un Projet dont eux-mêmes & leurs neveux devoient un jour tirer de si grands avantages. Il faudroit (disoient-ils) pour espérer quelque exécution de ce Projet que les Souverains Allemans fussent tous sages, raisonnables, équitables, sans passions, instruits par eux-mêmes de leurs affaires, moins occupés de leur propre bonheur, que du bonheur de leurs Sujets : en un mot il faudroit qu'ils fussent tels qu'ils devroient être, & non pas tels qu'ils sont en effet : or s'ils étoient tous tels qu'ils devroient être, ils n'auroient pas besoin pour vivre toûjours en Paix, d'autre Loi, que celle de la raison, & alors le Projet deviendroit entierement inutile.

Quelques autres Lecteurs, moins prévenus, trouvant ce Projet de la derniere importance, jugerent qu'il falloit faire une égale attention, & aux motifs qui pouvoient faire desirer à chacun des Souverains cette Union générale de l'Allemagne, & aux difficultez de l'exécution ; ils virent qu'à mesure que l'on faisoit attention à la grandeur des motifs, les difficultez s'évanoüissoient d'elles-mêmes, puisque ces motifs étoient les grands avantages que chaque Souverain devoit tirer de la *Societé permanente*, & que les grandes difficultez ne venoient que des esperances ou des prétentions, c'est-à-dire, des avantages que chacun d'eux pouvoit se promettre de la non-Societé : or la comparaison de ces deux sortes d'avantages faisoit disparoître ces obstacles, qui avoient paru d'abord entiérement insurmontables; ils jugerent même qu'il n'étoit pas difficile de faire agréer cette Union à quatre ou cinq Souverains, & que le Traité étant proposé de proche en proche, tantôt à l'un, tantôt à l'autre, le nombre des Conféderez pourroit s'augmenter peu à peu, & d'autant plus facilement, que la foiblesse de quelques Etats, la minorité des Souverains puissans, les divisions intestines de ces puissans Etats, les désavantages dans des Guerres étrangeres, seroient dans la suite des siécles autant de conjonctures favorables à l'agrandissement d'une Societé, où aucun membre ne pouvoit jamais rien perdre du sien, & où il pouvoit beaucoup gagner par la durée des Maisons Souveraines, par le retranchement de la dépense de la Guerre, par les richesses & l'opulence que produit un Commerce plus sûr, plus étendu & plus durable : Ils disoient pour appuyer leur sentiment, que pour donner leur consentement à cette Societé, il n'étoit point necessaire que les Souverains fussent sans passions, qu'ils eussent atteint à un si haut degré de sagesse, de raison, d'équité, de bonté pour leurs Peuples, qu'il suffisoit qu'ils fussent médiocrement habiles, qu'ils fussent assez interessez pour craindre les grandes dépenses, & pour desirer de devenir beaucoup plus riches, qu'ils aimassent assez leur Maison, pour en craindre la ruine; & pour en desirer la durée, qu'il suffisoit que les moins puissans eussent assez de bon sens, pour craindre d'être envahis par les plus puissans, qu'il suffisoit que ceux-ci instruits par la multitude des événemens de l'histoire, fussent asses prévoyans, pour craindre qu'après leur mort il ne s'élevât des Séditions, des Revoltes, des Guerres civiles, des divisions dans la Maison Souveraine, des conspirations de Sujets puissans durant des minoritez : or pour tout cela il n'est point necessaire que les Souverains soient, ni sans passions, ni si raisonnables, ni tels qu'ils devroient être : en un mot il suffit qu'ils soient précisément tels qu'ils sont : or c'est (disoient - ils) en les supposant tels qu'ils sont en effet, qu'ils ont besoin de former la Societé Germanique,

pour

pour augmenter considerablement leur propre bonheur.

Si je raconte ainsi les divers jugemens que l'on fit, & les differens discours que l'on tint alors sur ce Projet de l'Union Germanique, ce n'est pas sur la foi des Memoires des Contemporains qui peuvent tromper & être trompez, c'est sur la foi des Memoires de la nature même, qui sont beaucoup plus sûrs ; c'est qu'il est impossible qu'un Projet de cette espéce ne rencontre deux sortes de Lecteurs gens d'esprit, les uns vifs, éloquens, un peu superficiels, fort décisifs, qui haïssent la peine de l'examen, qui aiment à juger des ouvrages sur le titre, & comme on dit, sur l'étiquette du sac, guidez seulement par leurs premieres préventions. Les autres en plus petit nombre qui n'ont, ni une memoire si heureuse, ni une imagination si féconde, mais qui accoûtumez à suspendre leur jugement jusqu'après l'examen, marchent plus lentement pour marcher avec plus de sûreté ; ceux-ci sont encore au doute, lorsque les autres sont à la décision ; la nouveauté ne les rebute ni ne les séduit : ils pesent chaque *pour* & chaque *contre* : ils assemblent tous les *pour* & tous les *contre* avec le plus d'exactitude qu'ils peuvent : ils balancent long-tems le total des uns contre le total des autres, & ensuite ils jugent. Cette allure ne plaît pas aux premiers ; elle est trop lente, & au lieu de cent jugemens bien décisifs qu'ils font en huit jours, à peine en feroient-ils deux ; aussi comme le hazard a beaucoup de part à leurs préventions & par conséquent à leurs opinions, & que par la crainte de la honte d'avoir mal jugé, & par le désir de la gloire d'avoir mieux jugé que les autres, tout leur esprit est employé dans la suite à soûtenir le parti qu'ils ont pris imprudemment ; ils ne sont plus en état, ni d'appercevoir leur erreur, ni de se repentir de leur imprudence, ni même de se tenir une autre fois en garde contre la précipitation de leurs jugemens.

Or que pouvoient faire ces différentes sortes d'esprits à l'égard du

Projet de l'Union Germanique, si ce n'est des prédictions fort différentes ? Les uns soûtinrent qu'il étoit impraticable, & qu'il ne s'exécuteroit jamais. Les autres jugerent qu'il étoit praticable, & que selon les apparences il s'exécuteroit un jour : Or que fais-je en peignant les effets de la nature de ce tems-là, je ne fais que peindre des effets semblables de la même nature, à l'égard d'un semblable Ouvrage, pour ce tems-ci ; & plaise à Dieu que malgré les differens jugemens, & les diverses prédictions de ce tems-ci, l'Ouvrage nouveau ait dans nôtre siécle le même sort pour le bonheur de l'Europe, que l'Ouvrage ancien eût autrefois pour le bonheur de l'Allemagne, les mauvais Prophétes se consoleront facilement de s'être trompez, & les bons auront double joye, & du succez du Projet, & de l'accomplissement de leur prédiction.

Si l'Auteur du Systême de la Societé Allemande ne se rebuta point, ni par ces discours vagues & généraux, ni par les premiéres oppositions qui se rencontrerent dans l'execution, c'est qu'il voyoit clairement que tous les interêts qui portoient les Princes à un état de division, ne pouvoient jamais peser la centiéme partie des interêts qui les portoient tous à l'Union, & à former une Societé permanente : or on peut bien d'abord par prévention s'éloigner d'un Traité avantageux, mais on y revient toûjours, quand il est presenté de tems en tems, de plusieurs côtez, par differentes mains, lorsqu'on a devant soi l'exemple des autres, lorsque les Ministres les plus sages & les plus désinteressez sont consultez, & surtout quand les avantages du bon parti sont si grands & mis dans un certain point d'évidence, qu'il n'y a pour ainsi dire, qu'à prendre le jetton.

Quoi-qu'il en soit, il faut bien que les Souverains d'Allemagne qui signérent les premiers le Traité de l'Union Germanique, reconnussent alors avec évidence qu'à tout compter, ils ne pouvoient jamais signer un Traité plus avantageux pour eux, pour leurs Maisons, pour leurs Successeurs & pour leurs Sujets. Il faut bien que ceux qui suivirent l'exemple des premiers fissent le même jugement, puisqu'enfin on commença à signer le Traité qui fut le fondement de ce grand établissement ; & c'est de-là que je conclus que rien n'empêche qu'il ne s'en forme un semblable encore plus grand, si l'on montre que ce sera cette grandeur même qui y apportera le plus de facilité.

Il est à propos, avant que de passer outre, de remarquer que l'Union Germanique avoit deux défauts considerables qui la détruisoient insensiblement au dedans, & qui l'empêchoient de s'accroître au dehors, & que cependant elle ne laisse pas de subsister jusqu'à present, languissante à la verité, mais pourtant dans un état propre à montrer ce qu'elle a été, & ce qu'elle pourroit être ; mais ce qui fait à nôtre sujet, elle montre encore ce que l'on pourroit attendre d'une Societé semblable qui seroit exemte de ces deux défauts.

Le premier, c'est que les membres, pour se conserver une entiére liberté de donner leurs suffrages, & de faire des propositions utiles au bien de l'Union, devoient former dès-lors les Cercles, & convenir que le Député de chaque Cercle seroit tour à tour Président de la Chambre Imperiale de la Diette ou de ce Conseil representatif de la Nation, qui dura quelque tems du Regne de Maximilien & de Charles-Quint, sous le nom de Regence dans les intervalles qui se rencontroient entre les differentes Diettes: au lieu de cela, c'est toûjours le Député de l'Empereur qui y préside: or on sçait qu'on ne délibere dans les Assemblées, que sur ce que propose le Président, & comme les interêts de l'Empereur sont souvent fort differens & même fort opposez aux interêts de l'Empire, il n'arrive que trop souvent que ce qu'il fait proposer, regarde bien plus son interêt particulier, que l'interêt du Corps, & qu'il a grand soin d'éloigner les déliberations, qui en augmentant la liberté & l'utilité des membres, iroient à diminuer tant soit peu l'autorité du Chef.

Le second, c'est qu'ils ne devroient jamais, en élisant l'Empereur, lui donner, ni le pouvoir de commander les Armées de l'Empire par lui-même ou par son Lieutenant, ni le pouvoir de nommer à tous les emplois de l'Armée, ni le pouvoir de lever sur les membres les contingens pour les necessitez du Corps; ils devoient se garder le droit de se choisir leur General brave, habile, expérimenté, de Maison non-souveraine, revocable toutes fois & quantes; ils devoient se reserver le droit de nommer des Commissaires pour lever les contingens; ils devoient se reserver la nomination des principaux Officiers.

Ces deux défauts ont produit à cette Union, à cette espéce de Republique deux inconvéniens tres-grands, & dont la grandeur n'a pû être bien aperçûë, que par la suite des siécles. Le premier inconvenient, c'est que la liberté des membres est diminuée à proportion que l'autorité de l'Empereur est augmentée; & cette autorité s'est si fort

G iiij

accruë, que sous l'Empire de Charles-Quint, le Corps Germanique auroit été presque anéanti, si François premier ne fut venu au secours de sa liberté expirante ; & n'avons-nous pas vû cette même liberté fort affoiblie avant le Traité de Munster, & rétablie dans ce Traité par le secours du Roi ? Et que deviendroit encore ce même Traité, si le Roi, comme garant, n'en soûtenoit continuellement l'exécution ? Les jalousies & les divisions des membres donneroient bien-tôt la facilité à l'Empereur de les subjuguer tous les uns après les autres.

L'affoiblissement de la liberté du Corps Germanique est encore devenu fort sensible par l'état où se trouve presentement l'autorité de la Chambre Imperiale qui a été si long-tems à Spire, & qui est presentement à Vetzelar. C'étoit, pour ainsi dire, le centre de l'Union ; chaque Souverain y avoit son Député ; les démêlez entre Souverains, les démêlez pour le Commerce entre les Sujets de divers Souverains, y étoient, ou conciliez par des Mediateurs, ou jugez à la pluralité des voix par ces Députez, comme Arbitres éclairez, équitables & parfaitement autorisez. L'autorité de cette Chambre jointe avec l'autorité de la Diette qui se tenoit tous les ans dans quelque Ville libre, faisoient toute la force de l'Union; il étoit de l'interêt des Empereurs de les affoiblir, pour se fortifier de ce qu'ils leur ôteroient; ils ont commencé par les séparer, en les mettant en deux Villes différentes, & ils n'ont point eu de repos jusqu'à ce qu'ils ayent établi la Chambre Aulique, dont ils nomment tous les Juges, & jusqu'à ce qu'ils ayent donné à cette Chambre le même pouvoir qu'à la Chambre Imperiale; ils ont même ôté à la Chambre Imperiale le droit de décider les affaires importantes, si ce n'est avec le consentement de l'Empereur; les Diettes sont devenuës plus rares par la multiplication des difficultez & par la dépense. Ainsi l'Empereur devient, pour ainsi dire, l'unique Juge des differens des autres Souverains; ainsi on peut dire que ce seul défaut a conduit insensiblement la Republique Germanique sur le penchant de sa ruine.

L'autre inconvénient est encore beaucoup plus considerable ; car enfin le plus grand de tous les inconvéniens qui puisse arriver à une Republique, c'est de pouvoir être affoiblie par divers accidens, sans pouvoir s'accroître par aucune conjoncture favorable. Or si la Republique des Souverains d'Allemagne n'eût eu que des Présidens alternatifs pris d'entre les Députez de chaque membre, s'il n'y avoit point eu de Chef perpétuel pour la Justice & pour les Armes, qui doute que la plûpart des Souverainetez voisines, selon les differentes situations de leurs affaires, n'eussent l'une après l'autre demandé depuis cent cinquante ans à entrer dans cette Republique ? Est-ce que les Suisses n'y seroient pas rentrez comme un nouveau Cercle ? Est-ce que Genêve, est-ce que la plûpart des Princes & des Etats d'Italie n'y seroient pas entrez ? Est-ce que la Republique d'Hollande n'auroit pas demandé à y entrer en plusieurs occasions ? L'Angleterre de même au milieu de ses divisions sous Charles premier, n'y feroit-elle pas entrée ? La France elle-même n'a-t'elle pas dans le seiziéme siécle souffert de terribles secousses ? N'a-t-elle pas été à deux doigts d'un bouleversement total ? Or si pour sortir de tous ses embarras, Henry III. n'eût eu qu'à entrer dans une Societé qui l'eût garanti de toute crainte, & qui lui eut tendu les bras, eût-il balancé ? La Pologne en diverses occasions, & particuliérement sous Casimir. Le Dannemark & la Suede en plusieurs fâcheuses situations. Le Portugal sur-tout au commencement de la révolution, il y a soixante-dix ans. Or si l'Union Germanique eût été constituée de maniere qu'elle eût pû profiter depuis cinq ou six siécles de tous les grands évenemens des Etats de l'Europe, elle fut devenuë insensiblement avec le tems cette même Union Européenne que je propose aujourd'hui. Mais quand ces Etats, quand ces Souverains ont vû, qu'ils ne pouvoient entrer dans l'Union Germanique, sans se donner l'Empereur pour Maître, ou du moins pour Supérieur perpétuel, cette seule consideration les a toûjours empêché de souhaiter d'être membres de cette Republique. De-là vient que cette Union n'a jamais pû s'accroître, & que par divers accidens qui ne sont pas de mon sujet, elle a perdu plusieurs membres & beaucoup de territoire.

Je conviens que le sage Alleman qui proposa le Projet de l'Union Germanique, est tres-excusable en ce qu'il fut aparemment contraint de suivre quelque chose du plan de l'Empire, & de bâtir une espéce de Republique sur quelques-uns des fondemens d'une ancienne Monarchie. Il ne lui étoit peut-être pas permis de bâtir tout à neuf, & l'on croyoit sans doute alors avoir beaucoup fait, que d'avoir rendu l'Empire électif, d'avoir élevé quelques digues contre les usurpations des Empereurs. Or il faut convenir qu'il étoit bien difficile de prévoir qu'au bout de plusieurs siécles, un grand nombre de petites usurpations du Chef sur les membres feroient un si grand changement dans la constitution de la Republique, que les fondemens de sa liberté en demeureroient presqu'entiérement sapez; & après tout il étoit bien difficile, en retenant quelque chose de ce vieux édifice Monarchique, de faire de tous ces Etats un Etat plus Republicain, que celui du Corps Germanique : mais il faut convenir aussi qu'il lui arriva comme à un Architecte, qui gâte son nouveau Bâtiment, pour conserver quelque chose de l'ancien : or la faute, quoique tres-excusable par rapport à l'Auteur, n'en est pas moins considerable par rapport à l'Ouvrage.

Les Hollandois, dans la constitution de leur Republique de sept Etats Souverains, n'ont jamais eu de Président perpétuel des Etats Generaux; mais ils ont eu quelque tems un Prince pour Stathouder ou General, & pour General perpétuel; il y a même une de ces Souverainetez qui a un Stathouder ou General héréditaire, & c'est un Prince. Quoiqu'il en soit les Hollandois ont évité ce défaut essentiel depuis la mort du Roi Guillaume : à l'égard des treize Souverainetez Suisses, ils ont l'avantage de n'avoir jamais tombé dans une faute aussi essentielle pour une Republique de Souverains.

 L'exemple de l'Union Belgique & de l'Union Helvetique, qui subsistent sans Chef perpetuel, prouve que l'on peut s'en passer, comme l'Union Germanique prouve de son côté que des Souverains héreditaires tres-puissans peuvent trouver leur interêt à former & à maintenir une *Societé permanente* avec des Princes beaucoup moins puissans, avec des Republiques, avec des Souverains Electifs Ecclesiastiques & Séculiers, & avec des Etats de Religion tres-opposée : nous allons entrer plus en détail dans toutes les *paritez* & dans toutes les *disparitez* qui peuvent être de quelque consequence entre l'Union Européenne, dont je propose l'établissement, & l'Union Germanique qui est depuis long-tems toute établie.

Il y a trois sources principales de ressemblances & de différences. La premiere vient des motifs qui ont pû déterminer les Allemans à l'Union. La seconde vient des obstacles & des difficultez qu'ils ont pû rencontrer dans cette formation. La troisiéme vient des moyens qu'ils pouvoient avoir, pour réüssir dans leur dessein. Il faut donc examiner, 1°. si ceux qui ont commencé l'Union Germanique, avoient plus de motifs, & de plus puissans, que ceux qui peuvent commencer l'Union Européenne. 2°. S'ils avoient de moindres obstacles, & en moindre nombre. 3°. S'ils avoient alors des moyens que nous n'ayons pas présentement.

COMPARAISON DES MOTIFS.

1°. Un de leurs motifs, sur-tout des Souverains moins puissans, étoit de conserver tout leur Territoire, & tous leurs droits contre les efforts des plus puissans, & ils cherchoient cet avantage dans l'Union Germanique.

Or qui peut dire que les plus foibles de ce tems-là eussent plus de crainte de l'invasion, que n'en ont les plus foibles de ce tems-ci ?

Au contraire, qui ne voit que ce désir est le même dans nos Souverains d'aujourd'hui, & qu'ils ont de plus que les anciens une espérance bien mieux fondée de leur conservation, puisque l'Union Européenne leur donneroit sur cela une sûreté suffisante, c'est-à-dire, sûreté parfaite, avantage que n'ont jamais pû se promettre les Membres de l'Union Germanique ? Ainsi de ce côté-là le motif des Souverains d'aujourd'hui doit être beaucoup plus fort, que le motif des Souverains de ce tems-là. On ne peut pas dire non plus qu'il y eût alors deux Maisons puissantes qui fussent plus redoutables aux autres Souverains de ce tems-là, que la Maison de France & la Maison d'Autriche ne sont redoutables aujourd'hui aux Souverains de ce tems-ci. Ainsi en supposant l'égalité de proportion entre les deux tems, je croi que je ne suppose rien que de raisonnable.

2°. Un

20. Un des motifs des Souverains de ce tems-là étoit d'avoir dans la force & dans la protection de l'Union Germanique un préservatif sûr contre les conspirations, contre les divisions domestiques, contre les Revoltes, & en un mot contre les Guerres civiles, & de conserver ainsi toûjours le Commerce intérieur chacun entre ses propres Sujets.

Or qui peut dire que les Souverains de ce tems-là eussent plus de crainte des Guerres civiles, & plus de désir de conserver le Commerce intérieur de leurs Etats, que les Souverains de ce tems-ci ?

Au contraire, nous avons comme eux de tristes expériences de ces terribles maux, & nous avons de plus qu'eux les histoires de leurs propres malheurs, & de semblables malheurs qui sont arrivez depuis dans l'Europe, surtout par les troubles de Religion ; & à l'égard du Commerce intérieur, nous avons encore plus de sujet qu'eux d'en désirer la conservation ; 1°. Parce qu'avec le tems il s'est beaucoup

H

augmenté depuis cinq ou six siécles par le *perfectionnement* des Arts, & par toutes les facilitez qu'on a trouvées, soit pour les échanges en papier, soit pour les voitures, soit pour les sûretez. 2º. Parce que les hommes sont devenus plus éclairez sur tout, & par conséquent sur leurs interêts ; ainsi les Souverains d'aujourd'hui perdroient beaucoup davantage que les Souverains de ce tems-là, en perdant ce Commerce intérieur, & ils voyent encore plus clair ce qu'ils perdroient, que ne le pouvoient voir ces anciens Allemans : mais ce qui met une prodigieuse différence dans le motif, c'est que les Souverains de ce tems-là ne pouvoient pas se promettre une sûreté entiére contre les Guerres civiles, puisque plusieurs de leurs Associez pouvoient se détacher *impunément* de l'Union, par le secours des voisins puissans, & favoriser ensuite les Revoltes chez leurs Associez, au lieu que dans l'Union de la Chrétienté, aucun Souverain ne pourra plus s'en détacher *impunément*, puisqu'il n'aura aucun voifin qui ne soit membre de l'Union: or il est visible que cette grande augmentation de sûreté est une grande augmentation de motif.

3º. Les Souverains de ce tems-là avoient un grand interêt pour la conservation de leur Maison sur le Trône, de procurer une grande protection aux enfans mineurs qu'ils pourroient laisser eux & leurs descendans dans la suite des siécles, & d'éloigner ainsi toutes sortes de Conspirateurs & d'Usurpateurs ; & ils pouvoient espérer pareille protection de la Societé Germanique.

Or qui peut dire que nos Souverains d'aujourd'hui n'ayent pas le même interêt pour la durée de leur Maison, ou qu'ils y soient moins sensibles que les Souverains de ce tems-là, & qui peut dire qu'ils ne puissent espérer une pareille protection de la Societé Européenne ?

Au contraire, comme il est impossible que les Souverains d'aujourd'hui ne voyent que la protection de la Societé Européenne sera beaucoup plus puissante & beaucoup plus durable que la protection de la Societé Germanique, il est impossible aussi qu'ils ne desirent plus fortement la *Societé Européenne*, que ceux-là ne désiroient la *Societé Germanique*. Ainsi de ce côté-là le motif est encore plus grand, le ressort plus fort pour commencer & pour achever l'entreprise.

40. Un autre motif des Souverains de ce tems-là étoit de trouver dans cette Societé *une garantie, une sûreté suffisante* de l'execution parfaite des promesses reciproques des Traitez qu'ils avoient faits, ou qu'ils feroient dans la suite entr'eux, garantie, sûreté qu'ils ne pouvoient jamais espérer, s'ils ne devenoient Membres d'une Societé permanente.

Or qui peut dire que les Souverains d'aujourd'hui désirent moins une pareille garantie, une pareille sûreté pour l'execution de promesses reciproques des Traitez ?

Au contraire, comme il est évident que la sûreté d'execution que peut procurer l'Union Germanique, n'est pas parfaitement suffisante, & que celle que procure l'Union Européenne, sera parfaitement suffisante, il est évident que celle-ci sera bien plus désirable, & par conséquent bien plus desirée par les Souverains d'aujourd'hui, que la garantie de l'Union Germanique n'étoit desirée par les Souverains de tems-là.

50. Un des motifs les plus forts pour déterminer les Souverains à prendre des mesures solides afin d'éviter la Guerre à venir, ce sont les grands maux que cause la Guerre presente, les prodigieuses dépenses, les chagrins fâcheux des mauvais succez presens, les cruelles inquiétudes sur les évenemens futurs, la diminution des revenus, la desolation des Frontiéres, la perte de quantité de bons Sujets, le cri perçant & perpétuel des Peuples, qui demandent la fin de leurs malheurs.

Or qui peut dire que les Princes Allemans furent en ce tems-là plus sensibles à ce motif, pour les déterminer à signer le Traité d'Union Germanique, que ne le seront en certains cas nos Souverains Européens, pour les déterminer à signer le Traité d'Union Européenne?

Au contraire, comme les mesures qu'ils pouvoient prendre pour terminer *sans Guerre* leurs differens futurs, n'étoient pas à beaucoup près aussi solides, que celles que l'on propose pour l'Union Européenne, il est évident que ce plus de solidité rend cette Union beaucoup plus désirable, & qu'elle sera par conséquent beaucoup plus désirée des Souverains d'aujourd'hui, que l'Union Germanique ne fût alors désirée par les Souverains de ce tems-là, & d'ailleurs je doute que ces Souverains fussent alors aussi las de la Guerre, aussi épuisez que les Souverains d'Europe le sont aujourd'hui.

6º. Un autre motif enfin qu'eurent les Souverains de ce tems-là, ce fut de maintenir le Commerce avec les Etrangers, qui étoit une source de grandes richesses & de grandes commoditez.

Or qui peut dire que les Souverains d'aujourd'hui n'ayent pas un aussi grand desir de s'assurer la continuation du Commerce étranger par l'établiſſement d'une Societé permanente ?

Au contraire, comme les Souverains d'aujourd'hui ont un bien plus grand Commerce étranger, & que la plûpart ſont beaucoup plus avantageuſement ſituez pour le Commerce Maritime, & que la Navigation eſt trente fois plus grande & plus facile qu'elle n'étoit en ce tems-là, il eſt viſible que l'intereſt des Souverains d'aujourd'hui doit être un motif trente fois plus fort pour maintenir le Commerce étranger par l'établiſſement de la Societé Européenne, que n'étoit l'intereſt ou le motif des Souverains d'Allemagne pour l'établiſſement de la Societé Germanique. Or non ſeulement l'augmentation du Commerce doit augmenter le motif, mais l'établiſſement d'une Societé, qui le doit conſerver, eſt d'autant plus déſirable, qu'il procure une plus grande ſûreté pour le conſerver ſans interruption. Or il n'y a perſonne qui ne voye avec évidence que ſi la Societé Européenne étoit formée, elle procureroit présentement pour le maintien de cette espéce de Commerce cent fois plus de sûreté que n'en pouvoit donner alors la Societé Germanique; ainsi de ce côté-là le motif de nos Souverains doit être incomparablement plus fort que n'étoit le motif des Souverains de ce tems-là.

Lors de la formation du Corps Germanique les Membres ne pouvoient pas s'attendre qu'aucun d'eux ne se détacheroit jamais de l'Union, parce qu'en se séparant, il pouvoit être secouru par des Puissances étrangeres; ils ne pouvoient pas non plus se promettre que leur Corps ne seroit jamais, ni attaqué, ni vaincu ou affoibli par ces Puissances, ainsi ils n'avoient aucune *sûreté suffisante*, ni pour leur propre conservation, ni pour la conservation du Commerce; au lieu que le Corps Européen sera si grand, si puissant, qu'il n'aura jamais à craindre, ni qu'un voisin fomente la division, ni qu'il facilite le détachement d'aucun de ses membres, ni ni qu'il soit jamais assez puissant, pour oser entreprendre de nuire à aucun ; or comme cette grande Puissance operera non-seulement une plus grande sûreté, mais encore une *sûreté suffisante* & parfaite, que chaque Etat sera conservé en son entier, qu'il n'y aura jamais aucune sorte de Guerre, & que le Commerce, soit intérieur, soit extérieur, ne sera jamais interrompu ; les motifs qui doivent servir à former de nos jours le *Corps Européen*, seront incomparablement plus puissans que ceux qui formérent autrefois *le Corps Germanique*.

Voilà pourtant tous les motifs généraux que ces Souverains pouvoient avoir pour signer le Traité de l'établissement de la Société Germanique ; que l'on m'en indique d'autres : je n'en imagine point qui ne se raportent à ceux-là. Or on vient de voir que ces divers motifs, que ces divers interêts sont aussi grands du côté des Souverains d'aujourd'hui, & même qu'ils sont incomparablement plus grands, & qu'ils doivent leur paroître tels ; ainsi du côté des motifs, il y a *parité*, & il n'y a aucune *disparité* qui affoiblisse la preuve : au contraire il y a beaucoup de *disparitez* toutes très-avantageuses qui fortifient extrêmement l'argument pris de la comparaison.

A l'égard des motifs particuliers que pouvoient avoir chacun des deux cens Souverains qui signerent le Projet pour l'établissement de l'Union Germanique, qu'on nous les dise, & l'on verra que parmi nos dix-huit Souverains, ces mêmes motifs pourront faire les mêmes effets.

Il y a une disparité (m'a-t-on dit.) La crainte des voisins puissans réünit autrefois les Souverains Allemans en un Corps, au lieu que cette crainte n'est pas presentement en pareil degré en Europe, qu'elle étoit alors en Allemagne : mais il est aisé de faire évanoüir cette disparité.

1º. Est-ce que ce n'est pas la crainte qui a donné tant d'Alliez à la Maison d'Autriche contre la Maison de France, & n'est-ce pas cette même crainte qui est le plus puissant lien de cette Alliance.

2º. Il faut bien que ce degré de crainte soit encore plus grand aujourd'hui en Europe, qu'il n'étoit autrefois en Allemagne, puisque cette crainte n'obligeoit pas alors l'Union d'Allemagne à attaquer les plus puissans des voisins ; elle se tenoit en paix, & seulement sur ses gardes : mais elle n'armoit pas, & ne faisoit pas les frais d'attaquer; elle ne commençoit pas la Guerre. Or dans l'Union présente des Alliez, cette crainte est si vive, qu'elle ne leur permet pas de demeurer en Paix ; les Alliez commencent la Guerre, & ce qui n'avoit point encore eu d'exemple jusqu'ici, ils veulent faire des conquêtes, non pour s'agrandir, mais uniquement pour se conserver; non pour assouvir leur ambition, mais pour se délivrer de la crainte ; ainsi il est certain que la crainte que l'on a en Europe de la puissance de la Maison de France, sera encore un ressort plus fort pour porter les Souverains d'Europe à former l'Union Européenne, que n'étoit la crainte des voisins puissans pour porter les Souverains d'Allemagne à former l'Union Germanique.

3°. Cette crainte qu'avoient les Souverains d'Allemagne de leurs voisins puissans, n'étoit pas alors si grande qu'on se l'imagine, parce que dans le tems de l'Union Germanique les voisins de l'Allemagne n'étoient pas si puissans que ceux qu'elle a aujourd'hui. Cette union se fit il y a plus de cinq cens ans. Or qu'on examine la puissance des voisins de l'Allemagne de ce tems-là. La France étoit partagée elle-même entre dix ou douze Souverains qui relevoient à la vérité du Roi de France qui étoit comme leur Empereur, mais ils faisoient souvent la Guerre sans son consentement, & la lui faisoient quelquefois à lui-même. Le Roi d'Angleterre possedoit la Normandie, la Guyenne, une partie du Poitou. D'un autre côté la Bretagne, la Marche, le Languedoc, la Provence, le Dauphiné, la Bourgogne, la Champagne étoient autant de Souveraine-

pour l'Europe. 101

rez separées. En Italie, c'étoit à peu près la même chose. Voilà le côté du Couchant, & le côté du Midi. La Mer bornoit l'Allemagne du côté du Nord, & les Suédois en ce tems-là n'étoient ni réünis en un Peuple, ni n'avoient assez de force pour se faire redouter. Au Levant, c'étoit la Pologne, la Hongrie. Or la partie la plus peuplée de la Pologne faisoit partie du Corps Germanique, & les Princes de Hongrie ne pouvoient pas être fort redoutables aux Comtes d'Autriche, ni aux Ducs ou aux Rois de Boheme. L'Empire d'Orient étoit déja si affoibli par les Divisions & p̄ rles Guerres d'Asie, qu'il avoit plus besoin d'être soûtenu contre les Sarrasins, qu'il n'étoit rédoutable aux Allemans. Donc la crainte de l'invasion n'a pas eu plus de part à la formation de l'Union Germanique, qu'elle en peut avoir à la formation de l'Union Européenne.

COMPARAISON des obstacles.

Il est certain d'un côté que tous les obstacles dans une affaire où il ne s'agit que d'un Traité, consistent aux vûës, aux considérations, en un mot aux motifs que chacune des Parties peut avoir à refuser d'entrer dans un pareil Traité. Or il ne s'agit ici que d'un Traité; ainsi tous les obstacles se réduisent aux difficultez d'obtenir le consentement des Souverains.

D'un autre côté, il n'est pas moins certain que dans les affaires où il ne s'agit pour le succez, que du consentement des Parties, ce consentement est d'autant moins difficile à obtenir, que les vûës, les considérations, en un mot les motifs pour le donner sont en plus grand nombre & plus grands. Or nous venons de voir que les motifs ou les interêts des Princes d'aujourd'hui sont incomparablement plus grands en eux-mêmes pour former l'*Union Européenne*, que n'étoient ceux des Princes de ce tems-là, pour former l'*Union Germanique*. Il est donc aisé de conclure en général que les obstacles qui peuvent venir de la volonté des Souverains d'aujourd'hui, doivent être beaucoup moindres que les obstacles qui pouvoient venir de la volonté des Souverains de ce tems-là : mais examinons-les en détail.

10. L'obstacle le plus apparent, c'est la multitude des Parties qui doivent signer le Traité, mais il faut faire une distinction essentielle par rapport à deux sortes de Traitez : les uns ne peuvent se faire que toutes les Parties ne signent en même tems, soit en personne, soit par Procureur : alors un seul refusant, un seul qui sera absent, & qui n'aura pas envoyé son Procureur, suffit pour empêcher les autres de traiter : mais il y a d'autres Traitez qui se commencent d'abord par un petit nombre, deux, trois, quatre, & dans lesquels on laisse place pour tous ceux qui y voudront entrer, & qui voudront les signer dans la suite à dif-

ferens tems les uns des autres. Parmi ceux-ci sont beaucoup de Traitez de Societé, où celui qui signe entre dans toutes les loix ou obligations de la Societé pour entrer dans le droit d'en partager tous les avantages : or le Traité de l'Union Germanique étoit de cette espéce, & celui de l'Union Européenne que je propose, n'a rien de ce côté-là de different.

Or qui peut dire qu'il y eut moins de difficultez, moins d'obstacles à faire signer le Traité Germanique à deux cens Souverains à divers tems, à diverses reprises, les uns après les autres, qu'il n'y en aura à faire signer le Traité Européen aux dix-huit ou vingt-quatre Souverains d'Europe à diverses reprises, les uns après les autres, si toutes choses sont égales d'ailleurs ? or d'un côté nous avons vû que le Traité Européen seroit même beaucoup plus avantageux aux dix-huit, que le Traité Germanique ne l'étoit aux deux cens, & de l'autre nous allons voir que les autres choses sont tout au moins égales ; donc jusqu'ici non seulement il y a *parité* dans l'argument, mais il y a *disparité*, & une *disparité* avantageuse, en ce que toutes choses égales, il faut plus de tems pour faire signer deux cens personnes, que pour en faire signer dix-huit ou vingt-quatre; mais à dire le vrai, des obstacles qui se peuvent aisément & infailliblement surmonter par le délai de quelques mois, de quelques années de plus pour un établissement immortel, ne sont pas des obstacles dignes de grande attention.

Apparemment que le Projet de Traité de l'Union Germanique eut le bonheur de commencer à plaire à quelqu'un des Souverains de cette Nation : celui-ci le proposa, & en fit agréer le plan en gros à un autre : ceux-ci le proposérent bien-tôt à quelques-uns des plus habiles & des plus sages, & n'eurent pas de peine à le leur faire approuver : enfin ce plan rendu public, un grand nombre de Souverains après l'avoir examiné chacun dans leur

Conseil, convinrent de faire assembler leurs Députez pour le rectifier & pour convenir des principaux articles : il fut rectifié, les articles furent rédigez & arrêtez, & à la fin tous lui donnérent en divers tems leur consentement. Qu'on me dise une autre maniére dont la chose se passa, il n'importe, c'est cette maniére-là même dont on peut se servir pour obtenir peu à peu, & de proche en proche pareil consentement des Souverains d'Europe, pour le Traité de l'Union Européenne, avec cette différence que l'on n'aura à faire qu'à dix-huit, ou qu'à vingt-quatre personnes, au lieu que l'on eut alors à faire à plus de deux cens.

2°. Ce qui peut éloigner les Parties de consentir à un Traité, c'est la grandeur de leurs prétentions, quand elles sont opposées : or qui peut dire que les prétentions que les Souverains d'Allemagne avoient les uns contre les autres, étoient moins grandes alors, que celles que les Souverains d'Europe ont présentement les uns contre les autres ? Cette grandeur d'interêt ne doit-elle pas se mesurer par la proportion de la puissance & des richesses des Parties qui ont à traiter, & qui ne sçait que quatre Villages, un petit Péage peuvent être aussi importans à un petit Prince, à une petite Republique, que quatre grandes Villes, ou une grosse Doüanne pour une grande République, ou pour un Prince fort puissant ? Ainsi de ce côté-là égalité d'obstacles ; cependant malgré la grandeur des interêts opposez, l'Union Germanique s'établit : qu'on nous dise quels motifs leur firent surmonter ces grands obstacles ; car enfin ils furent surmontez, & l'on verra que rien n'empêche que nous ne nous servions de pareils motifs pour lever pareilles difficultez.

3°. Ce n'est pas seulement le nombre des Prétendans, ce n'est pas seulement la grandeur des prétentions opposées, qui forment des obstacles aux Traitez, c'est la multitude de ces prétentions : or qui peut dire que deux cens petits Souverains, qui ont certainement entr'eux autant de choses à se demander, à se disputer, à partager, que de plus puissans n'ayent pas aussi une plus grande multitude de prétentions les uns contre les autres, que s'ils n'étoient que dix-huit, que vingt-quatre ? N'est-il donc pas évident que de ce côté-là non seulement l'obstacle n'étoit pas moins grand pour le Traité de l'Union Germanique, qu'il l'est pour l'Union Européenne, mais que réellement il étoit huit fois plus grand ? Et cependant l'Union Germanique s'est formée, & sans doute parce que les Membres qui y entrérent, trouvérent qu'à tout prendre, il y avoit pour eux un plus grand avantage à signer le Traité, qu'à ne le pas signer.

4°. Ce qui pouvoit faire un obstacle considérable à l'établissement de la *Societé permanente* d'Allemagne, c'est qu'il y avoit en ce Païs-là des Souverains dix fois, quinze fois, vingt fois plus puissans que quelques autres de leur voisinage : car les plus puissans avoient beaucoup plus à espérer de conquérir, qu'ils n'avoient à craindre qu'on ne fît des Conquêtes sur eux : or par l'Union ils s'interdisoient à eux-mêmes toute liberté de s'agrandir par les armes ; cependant malgré cet obstacle l'Union se forma. Il faut donc bien que les plus puissantes Maisons jugeassent alors qu'à tout prendre ils se procureroient de beaucoup plus grands avantages par leur consentement au Traité, que par leur refus. Or les plus puissans de nos Souverains ne le sont pas plus à l'égard des moins puissans, que l'étoient les plus puissans des Allemans à l'égard des moins puissans de cette Nation. Ainsi cet obstacle est égal pour les deux Societez, & n'est pas insurmontable, puisqu'il a été surmonté, & aparemment par la grandeur des avantages que chacun attendoit de l'Union.

Qu'on nous les indique ces grands avantages, & l'on verra que nos Souverains d'Europe pourront les attendre avec autant de raison de l'Union Européenne, que les Souverains d'Allemagne pouvoient les attendre de l'Union Germanique,

& qu'on ne dise point qu'il est impossible de retrouver quels pouvoient être ces grands avantages que les Princes de ce tems-là envisageoient dans cette Union ; car enfin nous ne sommes pas de nature différente : il n'y a donc qu'à étudier, qu'à interroger cette même nature, elle nous les dictera presentement, comme elle les leur dicta alors, & c'est ce que devroient faire les esprits excellens, s'ils sont bons Citoyens, ou du moins encourager par leurs discours ceux qui se dévoüent à cette importante recherche.

5°. Ce sera (dit-on) un furieux obstacle pour l'Union Européenne, que d'établir qu'aucun des membres ne pourra s'agrandir en territoire, & que chacun dans ses démêlez sera obligé bon gré, mal gré de s'en rapporter à la décision que les autres Souverains en donneront par leurs Députez. Je montrerai dans le Discours suivant que ce Réglement ne doit point du tout être regardé comme un obstacle. Je montrerai au contraire que comme on ne peut garder ni la liberté d'agrandir son territoire, ni le pouvoir de se faire justice par les armes, sans se livrer à de tres-grands inconvéniens, & sans s'exposer manifestement aux plus grands malheur. Loin que la voye de l'arbitrage soit un obstable à la formation d'une Societé permanente, le désir d'éviter ces grands malheurs devient un motif puissant pour la former ; mais enfin je le suppose obstacle & grand obstacle, qu'on en exagére même la grandeur, j'y consens. Il est constant du moins qu'il n'étoit pas moins grand pour les Souverains d'Allemagne, qu'il l'est aujourd'hui pour les Souverains d'Europe : cependant ils passerent par dessus. Qu'on me dise ce qui les engagea à surmonter un pareil obstacle, & l'on verra que c'est cela même qui peut engager les Souverains d'aujourd'hui à n'y pas faire la moindre attention.

Voilà les plus grands obstacles qui se presenterent lors qu'il fut question de former l'Union Germanique. Or qui est celui d'entre les

Frondeurs du Projet Européen, qui, s'il eût été de ce tems-là, n'eût pas également frondé comme chimérique, comme impraticable le Projet Germanique : car je le défie de nous dire des raisons pour traiter l'Européen d'impossible, qui ne soient communes au Germanique. Cependant à la honte des Frondeurs de ce tems-là qui avoient du moins autant de raison que les Frondeurs de ce tems-ci, ce Projet qui leur paroissoit une pure vision est devenu une pure réalité, ce Projet impraticable a été mis en pratique, ce Corps composé de tant de membres, subsiste encore aujourd'hui, malgré ses défauts, & a conservé près de deux cens Souverainetez depuis sept ou huit cens ans, en se conservant lui-même.

On m'a fait deux difficultez. La première, c'est qu'en Allemagne on ne parloit qu'une langue, au lieu qu'en Europe on en parle plusieurs. À cela je répons que si les Traitez ne pouvoient se faire entre Souverains, à moins qu'eux & leurs Sujets ne parlassent la même langue,

il

il ne s'en feroit jamais. Cependant il s'en fait tous les jours. D'où vient cela ? C'est que l'on ne traite que par Députez, & il suffit que les Députez des Souverains sçachent une langue commune aux Députez avec qui ils ont à négocier. On négocie même souvent, & l'on traite avec le secours des Interprétes, sans que les Députez entendent la langue l'un de l'autre.

La seconde difficulté, c'est que l'Allemagne est bien moins étenduë que n'est l'Europe, & qu'ainsi le Commerce que les Souverains étoient obligez d'avoir avec leurs Députez aux Diettes, étoit plus facile que ne sera le Commerce des Souverains d'Europe avec leurs Députez aux Assemblées dans la Ville du Congrez. Mais 1°. si l'on fait refléxion que depuis six cens ans les chemins ont été rendus beaucoup meilleurs & plus courts, tant par les Pavez, que par les Ponts & par les défrichemens des Forêts, & que l'on a établi des Postes qui donnent au Commerce une grande facilité, il sera aisé de voir que les anciens

Souverains d'Allemagne privez de ces facilitez avoient autant de difficulté dans le Commerce avec leurs Députez, que les Souverains d'aujourd'hui en auront avec les leurs, quoique plus éloignez. 2º. Ne peut-on pas rendre les chemins encore meilleurs, & faire servir les Postes encore mieux qu'on ne fait présentement ? 3º. Quand les Souverains seront une fois convenus de leurs limites & des articles du Commerce, quand ils auront établi des Chambres de Commerce pour terminer les differens des Sujets de differens Princes, ils n'auront que tres-peu de differens ; ils n'en auront plus même aucuns qui soient, ni fort importans, ni fort pressez, & qui demandent par conséquent que leurs Députez reçoivent des instructions si précises & des réponses si promtes. Ainsi de ce côté-là on ne trouvera pas plus de difficulté à l'exécution & au maintien de l'établissement Européen, qu'il y en avoit, il y a six cens ans, pour l'exécution & le maintien de l'Etablissement Germanique.

Voyons présentement s'ils employérent des moyens pour faire leur Etablissement, que nous ne puissions pas employer pour faire le nôtre, & si nous ne pouvons pas même en trouver quelques-uns qu'ils n'avoient pas, & en employer même de plus commodes que ceux qu'ils avoient.

COMPARAISON DES MOYENS.

1°. Le premier moyen dont les Souverains Allemans se servirent, fut de convenir que chacun se contenteroit de ce dont il étoit en actuelle possession, suivant les termes des derniers Traitez de Paix. Cette convention n'étoit proprement qu'une rénonciation réciproque à toutes prétentions au delà de ce qui avoit été reglé par les Traitez passez. Il falloit bien, dans la vûë qu'on avoit de maintenir la Paix, commencer par établir un point fixe, & poser des bornes immuables & incontestables. Or qu'on cherche bien, & l'on trouvera qu'il n'est pas possible de trouver d'autre point fixe pour le territoire, que sa possession actuelle & les termes des derniers Traitez.

Or qui empêche les Souverains d'aujourd'hui de voir la nécessité qu'il y a que chacun se contente de ce qu'il possède actuellement, si chacun veut éviter les malheurs de la Guerre, & se procurer les avantages d'une Paix perpétuelle ; pourquoi donc nos Princes ne pourroient-ils pas se servir du même moyen ? Dira-t-on qu'ils ne le voudront pas ? Mais qu'on nous dise donc pourquoi les Souverains Allemans le voulurent, & l'on verra que les mêmes raisons qui purent alors persuader les uns, pourront également persuader presentement les autres.

2°. Comme il pouvoit y avoir de l'obscurité & de l'équivoque dans les Traitez, qu'il pouvoit tous les jours survenir des sujets de disputes entre les membres, & qu'il y avoit toûjours quelque chose à perfectionner dans les Reglemens du Commerce, ils jugérent à propos pour second moyen de convenir d'envoyer & d'entretenir toûjours dans une Ville libre & neutre chacun leurs Députez, avec pouvoir de concilier ces differens, sinon de les juger, comme arbitres sur l'instruction chacun de leur Maître, soit à la pluralité, soit aux trois quarts des voix.

Or qui empêche les Souverains d'aujourd'hui de faire une semblable convention, comme un moyen certain de terminer *sans Guerre* leurs differens futurs ? Qui les empêche même de perfectionner cette convention, comme nous le marquerons dans la suite. Dira-t-on que les nôtres ne le voudront pas ? Mais qu'on nous dise donc pourquoi les autres le voulurent ? Que l'on nous montre une *disparité* raisonnable.

3°. Il seroit inutile de convenir que chacun s'en tiendroit aux Traitez, & que chacun exécuteroit ponctuellement les Jugemens des Arbitres, si chacun pouvoit se dispenser *impunément* de les exécuter. Un Etranger charmé autrefois de la belle police qu'il voyoit observer à Athenes, loüoit Solon d'avoir, par ses bonnes Loix, procuré à sa patrie de si grands avantages: *Remarquez*, lui dit Solon, *que les Loix ne sont bonnes, que lorsque le Legislateur est parvenu à faire ensorte que l'équité & la force ne se quittent jamais.* Il falloit donc pour troisiéme moyen convenir d'une punition tres-grande, & s'il se pouvoit, inévitable contre celui qui, en refusant d'exécuter les Traitez & les Jugemens des Arbitres, voudroit rompre l'Union. Ainsi l'Union Germanique, en suivant les conseils de Solon Alleman, convint que le Refusant seroit mis au Ban de l'Empire, regardé de tous les membres comme leur ennemi, & qu'il seroit, s'il étoit possible, dépoüillé de ses Etats. Or ici la punition, ou plûtôt la menace est grande à la verité ; mais malheureusement pour la Societé Germanique, elle n'est pas inévitable, à cause de la protection & du secours que le Refusant peut recevoir des Puissances étrangéres.

Or qui empêchera les membres de la Societé Européenne de mettre le Refusant au Ban de l'Europe, avec cette difference infinie, que celui qui seroit mis au Ban de l'Europe, ne pouvant être protegé & secouru par aucune Puissance égale à l'Europe, seroit infailliblement puni ? Ainsi l'infaillibilité d'une tres-grande punition le retiendroit sûrement dans son devoir & dans son vrai interêt, & comme dans la Societé Européenne la force ne quitteroit jamais l'équité, on ne verroit jamais la Paix & l'abondance abandonner les membres de cette Societé.

Ainsi loin que nous demeurions dans la parité du côté des moyens, il est évident que l'Union Européenne aura même de ce côté-là un avantage infini sur l'Union Germanique.

4º. C'est un des moyens necessaires pour former & pour maintenir un Etablissement, une Societé, que de prendre des mesures pour subvenir à ses besoins. L'Union Germanique ne manqua pas, pour quatriéme moyen, d'établir sur ses membres des contingens proportionnez à leurs richesses : Or qui empêche l'Union Européenne de se servir d'un moyen semblable ?

Tels sont les principaux moyens dont l'Union Germanique s'est servie, pour s'établir & pour se conserver : Or y a-t-il quelque obstacle invincible qui empêche les Souverains d'aujourd'hui d'employer les mêmes moyens ? Ne peuvent-ils pas même en employer d'autres & meilleurs, comme on verra dans la suite ?

Nous avons même deux avantages que les anciens Allemans n'avoient point. Le premier, c'est qu'ils n'avoient devant les yeux aucun modéle subsistant *d'une Societé permanente entre Souverains* toûjours representée par des Députez à un Congrez perpétuel. Il est vrai qu'ils pouvoient avoir quelque idée de l'Assemblée des Amphictions qui étoit, il y a deux mille ans, composée de Députez des Republiques Gréques, pour concilier leurs differens ; mais cette Societé ne subsistoit plus alors, au lieu que nous avons des modéles subsistans *de Societez permanentes entre differentes* différentes *Souverainetez*. Nous avons même pour nous instruire, l'expérience de leurs défauts, & certainement c'est un grand moyen de plus. Ainsi de ce côté-là nous avons plus de facilitez qu'ils n'en avoient. Le second avantage, c'est que comme tous les Arts & toutes les Sciences se sont perfectionnées depuis ce tems là, il n'est pas possible que l'Art de négocier & la Science de la Politique ne se soient aussi perfectionnez. Ainsi nous devons trouver de ce côté-là des facilitez à traiter qu'ils n'avoient pas. Cependant ils firent leur Traité ensemble, ils firent leur Etablissement : & cet Etablissement subsiste encore, malgré ses grands défauts.

CONCLUSION.

J'ai montré du côté des motifs que les Souverains Allemans n'n avoient pas de plus forts pour signer le Traité de l'Union Germanique, que les Souverains d'aujourd'hui n'en ont, pour signer le Traité d'Union Européenne, & qu'au contraire les motifs de nos Princes sont incomparablement plus forts, que ceux des Souverains Allemans. J'ai montré du côté des obstacles que nous n'en avions pas plus qu'eux, & même que nous en avions de moindres. J'ai montré du côté des moyens, que nos Souverains ont tous ceux qu'avoient ces Princes Allemans, & qu'ils en ont encore plus & de plus efficaces. Il ne me reste donc qu'à conclure que *puisque la Societé Germanique s'est formée malgré les prédictions des anciens Frondeurs, la Societé Européenne pourra se former encore plus facilement malgré les prédictions des Frondeurs modernes*; & c'est la proposition que je m'étois proposé de démontrer dans ce Discours : je passe à la seconde.

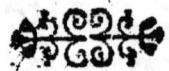

SECONDE PROPOSITION.

L'approbation que la plûpart des Souverains d'Europe donnerent au Projet de Societé Européenne, que leur proposa Henry le Grand, prouve que l'on peut esperer qu'un pareil Projet pourra être approuvé par leurs Successeurs.

Heureusement pour le succés de ce Projet, je n'en suis pas l'Auteur ; c'est Henry le Grand qui en est le premier Inventeur ; c'est le Solon Européen à qui Dieu a inspiré le premier les moyens de faire désirer aux Souverains d'Europe, d'établir entr'eux une Police équitable : & si en cherchant un préservatif contre les maux que nous cause la Guerre, je suis parvenu à force de méditation, à me rencontrer dans un Plan tout semblable dans le fond à celui de cet excellent Prince, ce rencontre ne diminuë en rien la gloire de l'invention qui lui est dûë; mais d'un côté je me sers de son Dessein, comme de guide, pour m'assûrer moi-même que je ne me suis pas égaré dans le mien; & de l'autre, je m'en sers comme de bouclier, pour me mettre à couvert contre les insultes de ceux qui, soit par petitesse d'esprit, soit par inattention, voudroient me traiter de Visionnaire. J'ai alors l'avantage de n'avoir point à me défendre moi-même, & de n'avoir qu'à défendre d'extravagance en Politique, un Prince reconnu de tout le monde, pour très-sensé dans le Gouvernement de son Etat. Je n'ai point à faire valoir mes idées. Je n'ai qu'à justifier les siennes. Ainsi je ne prétens point avoir rien créé de nouveau. Je ne fais que ressusciter le plus beau & le plus glorieux Projet qui puisse jamais venir dans l'esprit du meilleur de tous les Princes. Je ne fais que demander aux Souverains de ce siécle quelles raisons pourroient les empêcher de rentrer dans les mêmes vûës que leurs Prédecesseurs avoient si fort goutées dans le siécle précedent. J'ai donc deux choses à faire ; la premiere, c'est de montrer ce qu'a pensé Henry le Grand, & ce qu'ont pensé les autres Potentats de l'Europe de son tems sur le Systême de la *Societé Européenne permanente, pour rendre la Paix perpetuelle entre les Chrêtiens.* La seconde, de montrer que leur approbation nous doit servir de préjugé raisonnable, pour espérer pareille approbation de la part des Souverains qui gouvernent presentement l'Europe.

HISTOIRE DU FAIT.

Immédiatement après la Paix de Vervins qui fut concluë en 1598. entre la France & l'Espagne, Henry qui avoit vû son Etat & sa Maison portez sur le bord du précipice, tant par les Guerres civiles, que par les Guerres étrangéres, & que l'Europe entiére s'étoit ressentie de cet embrazement général, jugea que rien n'étoit plus digne de son attention, que d'imaginer les moyens les plus propres pour rendre entre les Chrêtiens la Paix durable, & s'il se pouvoit, perpetuelle. Il voyoit même que les Réglemens & que les Etablissemens les plus utiles qu'il méditoit de faire, pour rendre ses Peuples heureux, dépendoient uniquement de la durée de la Paix, parce que la Guerre occupe necessairement tout l'esprit, toutes les forces & toutes les richesses des Souverains.

* Il jugea, par ce qui se passe dans le Corps Germanique, en fait de Religion, que l'on peut conserver la Paix dans une Societé de Souverains, malgré la différence & l'opposition des Religions; mais il regarda comme une des principales sources de toutes les Guerres, la grande inégalité qui étoit entre les Puissances de l'Europe; il voyoit que la facilité qu'avoit le plus fort d'opprimer le plus foible, & de s'enrichir de ses dépoüilles, seroit toûjours un grand obstacle au

* Memoire de Sully, in-fol. tom. 2. pag. 4.

pour l'Europe. 127

maintien de la Paix. Pour remédier à cet inconvénient, il proposoit que l'on tâchât d'égaler ces Puissances : or cela ne se pouvoit pas, sans ôter quelques Provinces à la Maison d'Autriche, pour en fortifier quelques Etats trop foibles ; mais il ne songeoit pas qu'il étoit fort incertain de faire agréer ce moyen à tous les Potentats, & qu'il en coûteroit beaucoup de sang & de richesses pour le mettre en usage. Ainsi je suis persuadé qu'il n'auroit pas choisi un pareil reméde, s'il eût fait refléxion que la Societé Européenne remédieroit facilement à cette inégalité de Puissance, sans rien ôter à personne ; & que l'on y remédieroit sans dépense & sans effusion de sang, qu'il n'y avoit pour cela qu'à se servir des mêmes moyens qu'employe la Societé Germanique, pour empêcher toute sorte d'usurpation du plus fort sur le plus foible. Car enfin il est certain qu'il y a dans le Corps Germanique des membres qui sont vingt fois, trente fois plus puissans que d'autres qui sont dans leur

L iiij

voisinage, & que les plus foibles ne laissent pas de posseder en Paix la Souveraineté de leurs Ancêtres depuis six cens ans.

Il croyoit que la principale source des Guerres étoit le défaut & la privation d'un Arbitrage perpétuel, pour terminer sans Guerre les différens des Souverains, soit sur les limites, soit sur l'exécution des Traitez passez, soit sur les injures & les dommages, soit sur le Commerce, soit enfin sur toutes les autres espéces de prétentions réciproques; & à dire le vrai, cette privation d'*Arbitrage permanent suffisamment interessé à vouloir exécuter ses décisions, & suffisamment puissant pour les faire exécuter*, est la seule & véritable source de toutes les Guerres. Il sentit la necessité de cet *Arbitrage permanent*, *
& apparemment qu'il en avoit pris le premier modéle dans la Societé Germanique, & qu'il avoit encore plus perfectionné ce point essêntiel qu'il n'est en Allemagne.

Le Duc de Sully dit qu'il avoit sur *l'Union Européenne* † beaucoup de

*Ibid. † Pag. 22.

Memoires tous faits ; mais malheureusement ils ne sont pas venus jusqu'à nous ; de sorte que nous manquons & des *motifs* avec lesquels il fit approuver son Projet par tous les Souverains Chrétiens à qui il le communiqua, & des *moyens* qu'il avoit jugé les plus propres à le mettre en exécution, & c'est pour réparer en quelque sorte cette grande perte, que j'ai tâché de me mettre sur les voyes pour les retrouver.

Ce qui est important à nôtre Sujet, il avoit senti que pour maintenir la Paix, il faloit que chacun bornât toutes ses prétentions à ce qu'il possedoit actuellement ; il ne manquoit ni de droits légitimes, ni de prétentions bien fondées sur plusiéurs territoires que possedoient les autres Souverains ; il ne manquoit point de pouvoir pour se faire justice par les armes : cependant en considération des grands avantages que lui & ses Sujets devoient tirer de la Société des Etats Chrétiens * pour rendre la Paix perpé-

Pag. 4.

130 *Projet de Paix perpetuelle,*
tuelle, il avoit déclaré qu'il borneroit pour toûjours son territoire à ce qu'il possedoit actuellement, & qu'il consentoit que l'on y posât, comme aux Frontiéres des autres Etats, des bornes immuables.

* Le Projet étoit de faire de tous les Etats Chrétiens une seule République, & de la faire subsister toûjours pacifique en elle-même, & entre toutes les Dominations dont elle seroit composée, & l'on devoit convenir quel contingent payeroit chaque Domination, ce que le Duc de Sully appelle *Cotisation proportionnelle.* **

Le Projet fût agréé par la Reine d'Angleterre dès 1601. Ce Projet est rapporté un peu plus en détail & dans un plus grand arrangement dans l'histoire de Henry le Grand, composée par feu M. de Perefixe, Precepteur du Roy, Archevêque de Paris, qui dit tenir tout du Duc de Sully. On dit que le fameux Mezeray de l'Academie Françoise, avoit aidé à M. de Perefixe, pour l'arrangement des faits de cette histoire, &

* Pag. 141. ** Pag. 4.

pour l'Europe. 135

pour le Style de la narration. On trouve le plan de ce grand Projet à la fin de cette histoire pag. 561. & suivantes, de l'Edition in 12. d'Amsterdam de 1661. chez Antoine Michiels. Voici les choses qui m'ont paru les plus considérables, par rapport à nôtre sujet, dans le récit qu'en fait l'Historien. Henry étoit fort fâché (dit-il) que quelques affaires particuliéres retardassent l'exécution *du grand dessein* qu'il avoit pour le repos perpétuel de la Chrétienté.

Il promettoit aux Princes Chrétiens, que si la République Chrétienne faisoit des conquêtes sur le Turc, * d'y contribuër de son contingent, & cependant de les laisser toutes entiéres à partager entre les autres Souverains Chrétiens: il étoit content de ce qu'il possedoit.

** Son Projet fut communiqué au Roi de Pologne, & aux Seigneurs de Bohéme, de Hongrie & de Transilvanie.

*** *Il y eut même sur cela un*

* Pag. 563. ** Pag. 564. *** Pag. 564.

132 *Projet de Paix perpetuelle*, Traité fait avec le Pape, qui approuvoit & loüoit son entreprise, & désiroit d'y contribuer de sa part de tout ce qui lui seroit possible.

* Il désiroit réünir si parfaitement toute la Chrétienté, qu'elle ne fût qu'un Corps qui eût été & fût appellé la République Chrétienne.

** Pour régler tous les différens qui fussent nez entre les Conféderez, & les vuider sans voye de fait, on eût établi un ordre & forme de proceder par un Conseil General composé de soixante personnes, quatre de la part de chacune des quinze Dominations, lequel on eût placé dans quelque Ville au milieu de l'Europe, comme Metz, Nancy, Cologne, ou autre, où on en eût encore fait trois autres en trois différens endroits chacun de vingt hommes, lesquels tous trois eussent eu rapport au Conseil Ge-

* Pag. 565. ** Pag. 567.

neral, qu'on eût pû appeller le Sénat de la République Chrétienne : il espéroit former ce Corps en moins de trois ans.

* Du côté d'Italie, le Pape, les Vénitiens, & le Duc de Savoye étoient bien informez du dessein du Roy, & devoient l'y assister de toutes leurs forces.... Du côté d'Allemagne, quatre Electeurs, Palatin, Brandebourg, Cologne & Mayence le sçavoient aussi, & devoient le favoriser.

** Le Duc de Baviére, qui n'étoit pas encore alors Electeur, y avoit aussi donné les mains.

*** Le Roy avoit resolu de renoncer à toute prétention, & de ne rien retenir de tout ce qu'il conquêteroit sur la Maison d'Autriche... afin qu'il fût reçû par tout comme le Libérateur des Nations, & comme celui qui apportoit la Paix & la Liberté.

* Pag. 569. ** Pag. 570. *** Pag. 575.

* Il prenoit ses mesures, faisoit ses préparatifs pour parvenir à cette fin avec tous les soins imaginables depuis huit ou neuf ans, c'est-à-dire, depuis l'approbation qu'Elizabeth avoit donné à son Projet dés 1601.

Voilà le Plan de son dessein, lequel sans mentir étoit si grand, qu'on peut dire qu'il avoit été conçû par une intelligence plus qu'humaine : mais quelque haut qu'il fût, il n'étoit point au dessus de ses forces : il n'y a que Dieu qui sçache quel en eût été le succés : on peut dire néanmoins, jugeant selon les apparences, qu'il devoit être heureux, car il ne paroissoit aucun Prince ou Etat dans toute la Chrêtienté, qui ne dût le favoriser, hors la Maison d'Autriche.

* pag. 576.

PREUVES DE LA VERITÉ des faits.

Tels sont les principaux faits. Or sur quoi tombera le doute ? Sera-ce sur les citations ? Chacun est le maître de les vérifier. Sera-ce sur le récit qu'en fait le Duc de Sully en plusieurs endroits de ses Memoires ? En quoi son témoignage peut-il être suspect ? 1º. Peut-il avoir interêt à tromper ses Lecteurs dans cet article ? Mais cette pensée ne peut pas lui être venuë sans l'envie de se des-honorer ; car il fait lui-même imprimer son Ouvrage, & il est distribué de son vivant : il cite pour témoins du Projet de l'Union Européenne, toutes les Nations de l'Europe à qui ce Projet avoit été communiqué. Or un fait de cette nature, s'il avoit été faux, auroit-il pû l'imprimer lui-même à la face de toute l'Europe, sans avoir envie de passer pour imposteur, ou au moins pour un visionnaire ?

2º. Peut-on dire qu'il a été trompé en nous racontant ces faits ? Mais cette pensée ne peut pas venir à l'esprit du Lecteur ; car enfin s'il s'agissoit de quelque affaire, qu'il ne pût sçavoir que par le témoignage d'autrui, il est vrai qu'il auroit pû être trompé, mais c'est une affaire qui a passé par ses mains, qu'il a negociée continuellement, comme premier Ministre de son Maître, pendant neuf ou dix ans, sur laquelle il a été envoyé en Ambassade en Angleterre. Or on a beau supposer qu'un homme peut manquer de mémoire, on ne peut jamais supposer qu'il en manque à ce point, que le Lecteur puisse imaginer que toute cette négociation ne soit qu'un songe de M. de Sully. Or quand on le supposeroit aussi extravagant dans un certain intervale, au moins ce ne devroit pas être dans le tems même qu'il fait imprimer un Ouvrage, où il y a tant de choses sages & sensées de sa part.

Le Lecteur trouvera peut-être mauvais que je me sois arrêté à prouver la verité d'un fait que personne ne me peut contester ; mais j'ai l'expérience du contraire : un homme

homme d'esprit se sentant poussé à bout par les conséquences que j'en tirois, s'est crû obligé d'en venir jusqu'à nier la vérité du fait : & d'ailleurs il me semble qu'il ne faut rien négliger pour la mettre dans tout son jour : une page de plus n'est rien pour le Lecteur, & elle fait quelquefois beaucoup pour la solidité de l'Ouvrage.

CONSEQUENCES que l'on peut tirer du fait.

Rien ne paroît plus naturel, que de croire qu'un Projet de Traité qui a été approuvé comme très-avantageux par dix-huit ou dix-neuf Souverains d'Europe, il y a cent ans, peut encore être approuvé par leurs Successeurs, si les mêmes raisons d'approbation subsistent, & s'il n'y a point de raisons suffisantes pour les en détourner. Or je soûtiens que depuis ce tems-là il n'est point né de nouveau motif suffisant pour détourner aujourd'hui aucun de leurs Successeurs ; ainsi la preuve subsiste en son entier, nous allons examiner les paritez & les disparitez, & nous verrons ce qui en résultera.

Il ne faut point revenir à dire que les hommes ne sont point assez sages pour prendre un parti si raisonnable, qu'ils sont trop livrez à leurs passions pour écouter la raison, que leurs intérêts sont trop opposez, qu'ils sont trop sujets à la jalousie, à la vengeance, à l'ambition, à l'injustice : il ne s'agit pas de ces lieux communs tant rebattus, qui ne concluent rien, parce qu'ils concluent trop : ils iroient à conclure que les hommes ne pourroient jamais parvenir à faire entr'eux aucune sorte de Traité, aucune sorte de Societé permanente, ce qui est démenti par l'expérience.

Mais au fait present, est-ce que les Souverains contemporains d'Henry IV. n'étoient pas des hommes comme les Souverains d'aujourd'hui ? Est-ce qu'ils étoient plus exempts de passions, que ceux d'aujourd'hui ? Est-ce qu'ils n'avoient pas leurs jalousies, leur ambition, leurs intérêts opposez comme ceux d'aujourd'hui ? Cependant malgré ces raisons générales ils approuvoient ce Traité d'Union Européenne ; pourquoi donc ces mêmes raisons générales empêcheroient-elles les Souverains d'aujourd'hui d'approuver ce même Traité ? La nature est-elle si fort changée depuis cent ans ?

Pour le Traité en question, nous n'avons pas à faire aux hommes en général, nous n'avons à faire qu'à ceux qui doivent l'approuver. Or qui étoient les Souverains qui l'avoient déja approuvé il y a cent ans ? Le Pape, Venise, le Duc de Savoye, le Grand Duc, Gênes, & tous les autres Princes d'Italie, les Suisses, plusieurs Electeurs, la Pologne, l'Angleterre, la Hollande, & sur tout le Roi de France. Or nous allons voir que ceux qui gouvernent aujourd'hui les mêmes Souverainetez, ont ou les mêmes motifs, ou des motifs équivalens pour l'approuver.

Il y a une distinction à faire. Il est vrai que les Souverains qui devoient profiter des Conquêtes que l'Union se proposoit de faire sur la

Maison d'Autriche, étoient plus interessez que les autres à signer le Traité, mais cela ne prouve pas qu'ils ne l'eussent point signé sans cette condition : nous avons même une preuve évidente que sans espérance de s'agrandir, ils l'eussent signé, puisqu'ils eussent eu les mêmes motifs que d'autres Souverains qui l'avoient signé sans aucune espérance d'agrandissement, & seulement par la seule considération d'être en sûreté pour toûjours & de joüir de tous les avantages d'une Paix perpétuelle, & au dedans & au dehors. Ces Souverains qui avoient approuvé ce Traité sans espérance d'agrandissement, étoient Gênes, Florence, & les petits Souverains d'Italie, l'Angleterre, la France, & les Electeurs.

Une chose diminuoit même beaucoup dans les premiers le désir de s'agrandir, c'est qu'ils prévoyoient la grande dépense nécessaire pour y parvenir, & l'incertitude du succés de la Guerre & de leurs prétendues Conquêtes, & il eût pû facilement arriver qu'ils auroient

pour l'Europe.

acheté trop cher un pareil agrandissement.

A l'égard des Souverains qui devoient contribuër aux dépenses de la Guerre commune sans espérance de s'agrandir, & seulement pour agrandir les autres : cette disposition d'esprit prouve qu'il falloit bien que les motifs qui les portoient au Traité d'Union Européenne fussent bien puissans, puisqu'ils approuvoient ce Traité malgré la grande dépense où il devoit les engager pour faire le profit de leurs Alliez, & voilà une *disparité* essentielle qui est fort favorable à mon raisonnement : car dans le Traité que je propose, il n'y a point de Conquêtes à faire par un Souverain pour en enrichir un autre ; il n'y a point sur cela de dépense à faire, ni de risque à courre : chacun demeure comme il est : donc si la France, l'Angleterre, les petits Princes d'Italie, la plûpart des Electeurs approuvoient alors ce Traité malgré les grandes risques & les grandes dépenses d'une Guerre future, à plus forte raison les mêmes Potentats dispensez de ces risques & de ces dépenses, doivent l'approuver avec beaucoup plus de facilité. Ils avoient alors de grands obstacles de plus que nos Souverains d'aujourd'hui n'ont pas; cependant ils avoient déja passé pardessus : il faut donc bien qu'ils eussent de grands motifs, c'est-à-dire, qu'ils trouvassent de grands avantages dans les effets que devoit produire cette même *Société permanente* que je propose de nouveau à tous les Souverains Chrétiens.

Qu'on ne vienne donc plus nous dire que les Souverains ne renonceront jamais à leurs prétentions contre leurs voisins; les dix-huit ou dix-neuf Souverains qui avoient agréé le Projet, ne renonçoient-ils pas aux leurs, sur tout les Etats voisins?

Qu'on ne nous dise donc plus qu'il sera impossible d'amener les Souverains à renoncer à tout agrandissement de Territoire par voye de Conquêtes; les Souverains de France & d'Angleterre, & les autres Souverains n'y renonçoient-ils pas? Et pourquoi y eussent-ils renoncé, s'ils n'eussent vû que sans cette rénonciation ils ne pouvoient jamais avoir une Paix perpétuelle ? Il falloit donc bien qu'ils vissent dans la perpétuité de la Paix des avantages réels, certains, & d'une valeur beaucoup plus grande, que la véritable valeur de leurs espérances & de leurs prétentions.

Qu'on ne nous dise donc plus en général, qu'il y a des obstacles insurmontables, & de véritables impossibilitez pour exécuter un pareil projet. A-t-il besoin d'autre chose pour être exécuté, que de la volonté des Souverains ? Il ne s'agit que d'un Traité, d'une Convention ; ainsi qui peut mieux sçavoir qu'eux-mêmes s'il est impossible, puisque personne ne peut mieux sçavoir qu'eux, s'ils veulent l'approuver, s'ils veulent y consentir ? Or toutes ces prétendues impossibilitez disparurent dès-lors, ces obstables insurmontables furent surmontez, puisqu'enfin dès-lors le Projet fut approuvé de tous ceux à qui il fut proposé.

Qu'on ne nous dise donc plus

qu'il ne sera jamais possible d'amener les Souverains à consentir que leurs differens futurs soient reglez & terminez par les autres Souverains leurs pareils, comme Arbitres permanents & perpétuels dans la Diette générale de l'Europe. Qu'on ne nous dise donc plus qu'il n'est pas possible de les amener à reconnoître d'autres Juges, que Dieu & leur Epée. Qu'on ne nous dise donc plus que ce seroit se donner des Maîtres qu'ils n'avoient point, que ce seroit se mettre en Curatelle, se donner des Entraves, & cesser d'être indépendans, puisque voilà dix-huit ou dix-neuf Souverains grands & petits, puisque voilà de puissantes Républiques, & sur tout deux Souverains très-sages, très-puissans, très-jaloux de leur indépendance, qui consentoient à établir un Arbitrage permanent & perpétuel, & à exécuter ponctuellement les Décisions des Arbitres.

Que ces personnes qui voyent si clairement une impossibilité parfaite à obtenir des Souverains, & sur tout des plus puissans, un consentement

ment pour ces rénonciations & pour l'établissement de l'Arbitrage, répondent à ces faits : il n'est donc plus parfaitement impossible que des Souverains même tres-puissans donnent un pareil consentement, puisqu'en voilà qui l'ont donné : la chose s'est faite ; donc chose pareille n'est pas parfaitement impossible en pareilles circonstances. Or il faut que ces Messieurs se réduisent à la fâcheuse extrêmité de nier le fait, ou qu'ils nous disent comment la chose s'est pû faire, qu'ils nous disent les motifs qui ont pû arracher de ces Souverains du siécle passé un consentement impossible : ce consentement est-il ou un miracle de sagesse, ou un miracle d'extravagance, dont l'on ne puisse jamais espérer d'imitation ? Quels que soient ces motifs, qu'ils nous les disent, & nous verrons s'il est parfaitement impossible que les Souverains d'aujourd'hui puissent jamais être déterminez à un pareil consentement par de pareils motifs.

Quoiqu'il en soit, il faut bien que ces Princes crussent ne rien perdre de leur véritable indépendance, & gagner beaucoup à renoncer à terminer leurs différens par la force & par l'épée, en choisissant la voye de l'Arbitrage ; il faut bien qu'ils n'ayent pas senti ni les uns, ni les autres qu'ils se donnoient des Entraves, qu'ils se mettoient en Curatelle : ou bien s'ils ont crû perdre quelque chose, il faut bien qu'ils crussent que cette perte ne méritoit pas d'attention en comparaison des grands avantages qu'ils devoient tous retirer d'un Traité qui donne les moyens de terminer tous leurs différens futurs sans aucune Guerre.

Si cette diminution d'indépendance est réelle, comment se fait-elle sentir à des Lecteurs non Souverains, sans se faire sentir à dix-neuf Souverains, qui sont les seuls interessez au Projet sur ce qui regarde l'indépendance ? Que l'on nous explique ce fait, & s'ils l'ont senti, qu'on nous dise pourquoi ils n'y ont pas fait d'attention? pourquoi ils ont passé pardessus, sans daigner s'y arrêter ? Ils ont eu sans doute des raisons : je les ai cherchées ces raisons,

& à force de méditer je croi les avoir trouvées, & ce font celles qui font le sujet du Discours suivant ; je me contente dans celui-ci de tirer de la conduite des Souverains du siécle précédent une apparence très-vrai-semblable, que si le même Projet tout éclairci est proposé aux Souverains de ce siécle-ci, il ne sera pas impossible qu'ils rentrent dans les mêmes sentimens de leurs Prédecesseurs.

Il ne me reste plus qu'à faire une réfléxion sur le Projet d'Henry le Grand à l'égard de la Maison d'Autriche, c'est que si avant que de commencer la Guerre pour la dépoüiller, & pour enrichir de ses dépoüilles les Hollandois, les Suisses, les Venitiens, le Duc de Savoye & le Pape, on eût proposé à cette Maison d'entrer dans l'Union, & de donner les mains à tous les articles qui devoient empêcher toute Guerre à l'avenir & tout agrandissement de Territoire, elle y eût volontiers donné les mains pour se délivrer de la crainte des forces des autres Souverains de l'Union Chrétienne,

& que si elle y eût donné les mains, tous les autres Souverains auroient abandonné le dessein d'une grande & longue Guerre, par une raison invincible ; c'est qu'en supposant leur Union bien établie, bien affermie, ils auroient toûjours été en état d'armer, si cette Maison vouloit troubler le repos universel, & de la reduire au même pied qu'Henry le Grand proposoit, qui étoit de l'affoiblir de la Flandres pour les Hollandois, du Milanez pour le Duc de Savoye, de Naples pour le Pape, de la Sicile pour Venise, de la Bohême pour les Bohémiens, de la Hongrie pour les Hongrois, du Tirol & du Trentin pour les Suisses : mais l'Union entiére étant incomparablement plus puissante que cette Maison, elle n'en auroit jamais rien eu à craindre, & selon les apparences l'Union Européenne se fût formée dès-lors sur le même plan que je la propose aujourd'hui; & comme la Maison de France n'est pas aujourd'hui plus puissante, que l'étoit alors la Maison d'Autriche, les mêmes motifs qui eussent fait agréer l'Union alors, peuvent la faire agréer aujourd'hui.

CONCLUSION.

Il me semble que le Lecteur est présentement en état de juger que *l'approbation que la plûpart des Souverains d'Europe donnerent au Projet de Societé Européenne de Henry le Grand, prouve que l'on peut espérer qu'un semblable Projet pourra être approuvé par leurs Successeurs durant le Regne de Loüis le Grand son petit-fils*; & c'est la proposition que je m'étois proposé de démontrer.

Nous avons tâché de montrer la possibilité du projet, en prouvant que l'Union Européenne n'avoit, ni de moindres motifs, ni en moindre nombre, qu'elle n'avoit, ni un plus grand nombre d'obstacles, ni plus grands, qu'elle n'avoit ni de moindres moyens, ni en moindre nombre, pour se former de nôtre tems, qu'en avoit l'Union Germanique, pour se former, il y a six ou sept cens ans : nous avons montré au contraire que les disparitez sont très-grandes en faveur de l'Union Européenne.

Nous venons de montrer la maniére dont les Souverains regardérent le Plan de Henry le Grand au commencement de l'autre siécle. Voilà, ce me semble, deux préjugés très-raisonnables & très-forts sur la possibilité d'un Projet tout semblable; ils nous font voir clairement qu'il est possible de trouver des motifs assés puissans, pour mettre les Souverains en mouvement sur la plus importante affaire d'Europe, qu'il est possible de trouver des moyens convenables, pour parvenir à ce chef-d'œuvre de Politique humaine. Or ces *motifs* & ces *moyens* que j'ai démontrez dans ce Discours, comme possibles à trouver, puisqu'ils ont été trouvez, je prétens les montrer dans les Discours suivans, comme tous retrouvez.

Au reste, j'espére que quand même il n'y auroit jamais eu de modéle d'Union permanente entre Souverains, ni chez les Grecs, ni chez les Allemans, ni chez les Suisses, ni chez les Hollandois ; que quand même le Projet de l'Union d'Europe n'auroit encore jamais été, ni inventé, ni proposé, ni agréé, les *motifs* de former cette même Union paroîtront dans le reste de ce Memoire si puissans, & les *moyens* si faciles, qu'ils suffiroient pour déterminer nos Souverains à former cette Union, & à envoyer leurs Députez à un Congrez, afin de convenir des Articles d'un Traité si désirable pour tout le monde.

PROJET DE PAIX PERPETUELLE, POUR L'EUROPE.

TROISIE'ME DISCOURS.
PROPOSITION A DE'MONTRER.

Si la Societé Européenne que je propose peut procurer à tous les Souverains Chrêtiens seureté suffisante de la perpétuité de la Paix au dedans & au dehors de leurs Etats, il n'y a aucun d'eux pour qui il n'y ait beaucoup plus d'avantages à signer le Traité pour l'établissement de cette Societé, qu'à ne le pas signer.

IL me semble que j'ai démontré dans le premier Discours, que ni les Traitez, ni l'Equilibre n'é-

pour l'Europe. 153

toient point des préservatifs suffisans pour garantir l'Europe des malheurs de la Guerre; qu'ainsi les Souverains Chrêtiens demeureront toûjours agitez par des Guerres perpétuelles, qui ne peuvent être interrompuës, que par deux sortes d'évenemens. L'un, par des Traitez de Paix, ou plûtôt par des Tréves assez courtes, & qui n'auront jamais aucune *sureté suffisante* de leur observation. L'autre, par quelque bouleversement de quelque Maison Souveraine, qui tombera de tems en tems, & qui dans sa ruïne, ne fera que préceder de quelques siécles toutes celles qui regnent aujourd'hui.

J'ai montré de même dans le second Discours par des modéles subsistans, que l'on pouvoit employer un préservatif suffisant contre la Guerre : c'est l'établissement d'une *Societé permanente*, composée de tous les Souverains Chrêtiens, representée dans un Congrez perpétuel par leurs Députez, pour régler *sans Guerre* aux trois quarts des voix, leurs différens à venir, & les conditions du Commerce. Par tout ce qui s'est déja pratiqué en grand, j'ai montré ce que nous pouvions nous-même mettre en pratique en plus grand. Je vais présentement approfondir quels furent les motifs qui purent déterminer les anciens Souverains à former leurs Societez, & qui par conséquent peuvent déterminer les nôtres à former la Société Européenne.

Ces motifs sont les *avantages* que nos Souverains en doivent tirer ; ainsi pour démontrer la proposition qui fait le sujet de ce Discours, il suffira de comparer les avantages des Souverains Chrétiens dans la situation présente du Système de la Guerre presque perpétuelle, avec les avantages qu'ils auroient dans la constitution du Système de la Paix inaltérable. Car si, en parcourant tous les avantages de l'un & de l'autre Système, & en les opposant les uns aux autres, je montre clairement que les avantages sont beaucoup plus grands & en plus grand nombre dans le Système de la Paix, la seule comparaison formera une parfaite démonstration de la proposition.

En parlant des avantages des Souverains, je ne borne pas ces avantages à leur perſonne qui dure peu ; j'ai particuliérement égard aux avantages de leur Maiſon, qui peut durer autant de ſiécles, qu'ils peuvent eux-mêmes durer d'années.

Je montrerai d'abord les avantages du Syſtême de la Paix ſur le Syſtême de la Guerre, par rapport aux Souverains en général, & ſur tout par rapport aux plus puiſſans. Je ferai enſuite quelques refléxions ſur l'interêt particulier que les moins puiſſans, & les Etats Republicains peuvent avoir à donner la préference au Syſtême de la Paix, & comme je commence la preuve par la conſidération des avantages des plus puiſſans, c'eſt-à-dire, par ce qui paroît de plus difficile, le reſte en paroîtra au Lecteur beaucoup plus aiſé.

PREMIER AVANTAGE,

Fondement de l'espérance de l'agrandissement, comparé avec le fondement de la crainte du bouleversement.

La premiére différence qui se présente entre ces deux Systêmes, est fondée sur l'immutabilité perpétuelle des Etats & des Maisons Souveraines, qui sera l'effet naturel de l'un, & sur les révolutions & les bouleversemens de ces mêmes Etats & de ces mêmes Maisons, qui sont les effets naturels de l'autre.

Dans le Systême de la Guerre, le Souverain le plus puissant de l'Europe peut espérer d'un côté que le Territoire de son Etat s'agrandira du double, & même du reste de l'Europe, & qu'il augmentera ainsi de beaucoup le révenu de sa Maison, soit par ses propres Conquêtes, soit par celles de ses Descendans, parce que la Guerre met tout en branle, parce que rien n'y est stable, & que ce qui paroît de plus ferme, peut être facilement renversé en peu d'années, selon les différentes conjonctures ; mais par la même raison il peut craindre de l'autre pour sa Maison des événemens malheureux, & qu'au lieu de doubler son révenu & d'agrandir son Territoire, l'un & l'autre ne soient un jour fort diminuez, & ne soient même entiérement perdus pour cette Maison, ou par les Conquêtes de quelque Chef d'une Ligue puissante, ou par la Revolte de quelques Provinces.

Dans le Systême de la Paix, au contraire, comme chacun est censé avoir mis des bornes à son Territoire par des Traitez précedens, & surtout par la *possession actuelle*, & comme ces Traitez deviennent *infaillibles dans leur exécution*, à cause de la *garantie suffisante* de l'Union des Souverains, ces bornes une fois établies seront immuables ; il n'y aura nulles Revoltes de Provinces à apprehender ; ainsi comme aucun Souverain n'aura plus à craindre que les bornes de son Territoire soient jamais resserrées, il n'aura plus à espérer que ces mêmes bornes soient jamais reculées.

Il reste donc à examiner si le Souverain le plus puissant d'Europe a plus de sujet d'espérer un agrandissement considérable de Territoire & de revenu pour sa Maison dans le Système de la Guerre, qu'il n'a de sujet d'en craindre l'affoiblissement & le bouleversement entier ? je parle ici *de sa Maison*, parce que je veux embrasser plusieurs générations & plusieurs siécles ; & effectivement un Prince auroit-il beaucoup fait pour sa Maison, d'avoir conquis durant son Regne deux ou trois Provinces, si par la même voye qu'il a tenuë, c'est-à-dire, par le Système de la Guerre son petit-fils devoit en perdre quatre ou cinq ? Auroit-il beaucoup fait d'avoir agrandi son Etat du double, si son arriére-petit-fils devoit par les mêmes moyens le perdre tout entier ?

S'il avoit plus de fondement d'espérer un agrandissement du double, que de fondement de craindre le bouleversement total de sa Maison, il perdroit ce surplus de fondement d'espérance, en entrant dans le Systême de l'Union, puisque l'Union conservant chaque Etat en son entier, empêcheroit qu'aucun ne pût espérer de s'accroître du côté du Territoire, & alors il ne faudroit pas qu'il en signât le Traité, à moins que la perte de ce plus de fondement d'espérance ne fut recompensée par quelque équivalent d'une autre nature. Mais s'il a effectivement plus de fondement de craindre la perte totale de sa Maison, qu'il n'a sujet d'espérer l'agrandissement du double du Territoire, il gagnera, en signant un Traité qui lui ôte pour jamais à lui & à sa postérité tout sujet de crainte. Ainsi pour l'engager à entrer dans le Systéme de la Paix, il n'a pas besoin d'autre motif, que cette exemption de crainte. Il est vrai que si le bien à espérer étoit égal au mal qui est à craindre, & que les fondemens de l'espérance & de la crainte fussent égaux, alors il faudroit, pour faire pancher la balance, quelque motif étranger de plus, comme la dépense de la Guerre. Mais nous allons voir, que pour déterminer le Prince le plus puissant à entrer dans le Systême de la Paix, s'il est prudent & avisé, & s'il aime les interêts de sa Maison, il n'a pas besoin de motifs étrangers, & l'on verra ensuite que ces motifs étrangers sont en si grand nombre, & si puissans, qu'il faudroit le supposer privé des lumiéres du sens commun pour demeurer dans le Systême de la Guerre.

Si ce Prince a des espérances que sa Maison agrandira son Territoire du double aux dépens de ses voisins, ces mêmes voisins liguez ont pareilles espérances d'agrandir autant le leur à ses dépens. Si les espérances de ce Prince doivent fonder la crainte de ses voisins, les espérances de ses voisins doivent fonder la sienne. S'il prétend avoir des droits sur leurs Etats, ils prétendent en avoir sur les siens. S'il se confie à ses forces, à ses alliances, ils se confient aux leurs. S'il espére profiter d'une Régence, d'une Minorité, d'une Guerre civile, d'une rupture de Ligue, ils ont pour eux dans la même durée

durée des siécles, les mêmes conjonctures à espérer. S'il est animé par l'ambition, par la jalousie, par la vangeance, ces mêmes passions sont-elles moins prêtes à les animer? S'il est plus fort que quatre Liguez, il sera plus foible que cinq, que six; ainsi jusques-là tout est égal.

Je confondrai dans la suite du Discours le terme de *prétentions* avec le terme d'*espérances*, parce que la plûpart des Princes espérent conquerir le Territoire sur lequel ils prétendent avoir droit, & ne manquent jamais de prétendre avoir droit sur le Territoire qu'ils espérent conquerir.

S'il n'y avoit en Europe que deux Maisons Souveraines, & qu'elles fussent également puissantes, il est certain qu'elles auroient également à craindre & à espérer dans le cours de plusieurs siécles de différentes minoritez & de différens événemens de la Guerre. Ainsi il est visible qu'en se cedant mutuellement leurs espérances d'agrandissement de Territoire, leurs prétentions, leurs droits sur les Provinces l'une de l'autre, elles se céderoient choses entiérement égales, & si elles pouvoient se donner mutuellement *sureté suffisante* que leur Convention seroit executée *sans Guerre* seulement pendant cent cinquante ans, elles auroient toutes deux en pur profit ce qui résulteroit de cette cession mutuelle de tout agrandissement de Territoire. Or les deux seuls articles de la continuation du Commerce & du rétranchement de la dépense des Troupes, pourroient facilement enrichir du double en revenu chacun de leurs Etats & chacune de ces deux Maisons, comme nous le démontrerons dans la suite ; & que pourroient-elles espérer de plus l'une ou l'autre par le succés d'une Guerre de cent cinquante ans, que de doubler la valeur de leur Etat & le revenu de leur Maison ? Or dans le Systême de la Guerre, chaque Maison risque de perdre tout, pour avoir le double par la ruïne de l'autre, au lieu que dans le Systême de la Paix, ni l'une, ni l'autre ne risque rien, pour avoir ce même revenu double, & elle n'est point pour cela obligée de ruiner la Maison voisine.

La situation de la Guerre est une situation où il entre beaucoup de hazard. Combien de Batailles décisives ont été perduës par un pur hazard ? Combien de morts arrivées par un pur hazard ? Combien de Séditions ont eu des suites fâcheuses par un pur hazard ? Or il me semble que si un de ces Princes, à forces égales, veut hazarder la moitié de l'Europe contre l'autre moitié, il hazarde plus qu'il ne peut gagner, puisqu'il hazarde le *nécessaire* qu'il possède, contre un *superflu* égal qu'il veut posséder, mais dont il peut bien plus facilement se passer que de son *nécessaire*. Or si d'un côté il a autant de sujet de craindre de perdre son Etat, que d'espérance de conquérir celui de son voisin, & que ce qu'il risque de perdre vaille mieux pour lui-même, que ce qu'il risque de gagner, il est visible qu'il a plus sujet de craindre que d'espérer, non du côté du hazard que l'on suppose égal, mais du côté des choses hazardées, qui, quoi qu'égales en elles-mêmes, sont inégales par rapport aux effets qu'elles peuvent produire pour le bonheur ou le malheur de celui qui hazarde. . Voilà donc déja du côté de l'agrandissement ou de la perte du Territoire, non-seulement une égalité dans les deux Systêmes, mais encore un avantage sensible pour le Systême de la Paix perpétuelle, à ne considérer pas même l'exemption de la dépense & des maux que cause la Guerre.

Que l'on suppose présentement que l'Europe soit partagée, non entre deux Maisons, mais entre trois également puissantes, la démonstration ne change point, elle n'en devient même que plus forte; ces trois Maisons auront pareil interêt que les deux précedentes, de s'abandonner mutuellement leurs espérances pour l'agrandissement de Territoire, afin d'acquerir sûreté parfaite que ce Territoire ne sera jamais ni perdu, ni diminué, soit durant leur Regne, soit durant les Regnes de leurs neveux les plus reculez : & il est facile de démontrer, & on le verra dans la suite que si elles se pouvoient donner mutuellement *sureté suffisante* de demeurer en Paix seulement cent cinquante ans de suite, & de terminer durant ce tems-là leurs differens *sans Guerre*, chacune d'elles doubleroit son revenu, & celui de ses Sujets, sans fonder cette augmentation sur la ruïne l'une de l'autre.

Mais dans le Systême de la Guerre, ces trois Maisons Souveraines sont dans une necessité indispensable de hazarder chacune tout le sien pour enlever tout ce qui appartient aux deux autres dans le cours de quelques siécles, avec cette différence des hazards ordinaires, c'est que celui-ci n'est pas volontaire, il est forcé; les plus sages seront obligez de hazarder malgré eux toute leur fortune, ils seront toûjours dans la nécessité, ou de ruïner les autres, ou d'être ruïnez par les autres.

Au contraire dans le Systême de la Paix perpétuelle, comme il n'y auroit aucune Guerre, aucun des Chefs de ces trois Maisons ne seroit forcé de hazarder son Etat, pour en gagner un autre, & chacun auroit l'avantage de pouvoir, par d'autres espéces d'agrandissemens, recueillir les fruits de son œconomie & de son habileté.

Supposons que les Chefs de ces trois Maisons aprés avoir demeuré cent cinquante ans dans le Systême de la Paix, soient prêts à rentrer dans le Systême de la Guerre, & que chaque Prince espére qu'à la longue, en profitant des hazards, il subjuguera les deux autres, pour devenir seul Maître de l'Europe, c'est comme si on supposoit que trois Joüeurs qui auroient chacun un million pour tout bien, faisoient partie de ne point quitter le jeu, qu'un des trois n'eût les trois millions en sa puissance, & qu'il n'eût abîmé les deux autres. Il est certain que celui qui vivoit avec un million, peut bien plus facilement se passer des deux autres millions extraordinaires, que de son propre million qui soûtient sa dépense ordinaire. Or cependant à fortune égale, à pari égal, il y a trois à parier contre un, qu'il perdra tout, & qu'il ne gagnera pas tout, & ce qu'il peut gagner, quoique trois fois auſſi grand en ſoi, que ce qu'il peut perdre, ne peut jamais être trois fois auſſi grand par rapport à lui. On croira peut-être que ce raiſonnement eſt le même que celui que je viens de faire ſur le hazard de gagner le double; mais il y a d'autant plus de différence, que le triple n'eſt pas ſi néceſſaire que le double au bonheur du Joüeur; c'eſt que la ſenſibilité pour le gain ne croît pas dans le Joüeur en même proportion que le gain même, & il n'y a perſonne qui ne ſçache que celui qui a centuplé ſa fortune, n'eſt pas cent fois plus heureux qu'il n'étoit lui-même, lors qu'il ne l'avoit encore que doublée. Ainſi plus un Joüeur qui joüe *tout ſon néceſſaire*, a d'adverſaires à craindre, plus le jeu eſt inégal pour lui, c'eſt-à dire, que réellement il a d'autant plus de déſavantage qu'il hazarde tout ſon bien contre un plus grand nombre de Joüeurs, pour avoir le leur.

Or ſi en ſuppoſant qu'il n'y a en Europe que deux Maiſons Souveraines également puiſſantes, il demeure démontré que si elles pouvoient se donner *sûreté suffisante* de conserver entr'elles une Paix inaltérable, il y auroit pour elle un avantage presqu'infini à entrer dans le Système de la Paix. Il demeure démontré à plus forte raison qu'en supposant l'Europe entiére partagée en trois Maisons également puissantes, si elles pouvoient se donner *sûreté suffisante* de conserver entr'elles une Paix inaltérable, qu'il y auroit pour chacune des trois un avantage encore plus grand de quitter le Système de la Guerre, pour entrer dans le Système de la Paix.

Mais voici une considération qui va faire encore plus pancher la balance en faveur du Système de la Paix, c'est qu'un de ces trois Souverains égaux en puissance, ne peut désirer de demeurer dans le Système de la Guerre, que pour avoir l'espérance que sa Maison détruira à la longue les deux autres, & s'élévera un jour sur leurs ruïnes. Or nous allons voir qu'elle ne sçauroit ruïner les deux autres, sans se ruïner elle-même. Ainsi le hazard devient
encore

encore plus désavantageux, puisqu'en prémier lieu il y a trois à parier contre un, qu'il perdra tout; & en second lieu, c'est que si sa Maison parvient à gagner tout, elle se trouvera necessairement dans un péril évident & continuel, ou plûtôt dans une certitude de perdre en moins de cinquante ans, non seulement tout ce qu'elle aura gagné, mais encore de perdre tout ce qu'elle possédoit, avant que s'exposer à tous les hazards de la Guerre: dévelopons ce mystére.

Je suppose donc que dans deux cens ans en 1912. par le succés des Batailles dans le Systême de la Guerre, la Maison de France, par exemple, soit dévenuë la Maîtresse de l'Europe entiére, que l'Espagne, l'Italie, la Grece, la Hongrie, la Pologne, la Moscovie, l'Allemagne, la Suéde, le Danemark, la Hollande, l'Angleterre ne soient plus regardées que comme des Provinces de son Empire. Auguste & ses Successeurs, Constantin, Theodose, Justinien & leurs Successeurs ont eu un Empire encore plus étendu; mais que l'on fasse attention à la durée des Maisons Impériales & aux funestes catastrophes des Empereurs, la chose en vaut bien la peine ; que l'on ne se borne pas aux faits, que l'on fasse attention aux causes de tant de Maisons Impériales bouleversées de tant de meurtres, de tant d'empoisonnemens commis contre la personne des Empereurs & de leurs parens, & l'on verra d'un côté que les Maisons Impériales n'ont pas duré sur le Trône cinquante ans, l'une portant l'autre, & de l'autre on verra que les causes de cette destruction sont necessaires & telles que l'on ne peut jamais y apporter aucun reméde. Ainsi il y auroit à parier simple contre simple, que si la Maison de France étoit parvenuë à l'Empire de l'Europe en 1912. cette Maison seroit détrônée & entiérement anéantie cinquante ans après, & le double contre le simple, qu'elle seroit anéantie cent ans après.

Or une Maison qui, par le secours de ses différentes branches, peut durer plus de trois mille ans, plus de six mille ans, & même jusqu'à la fin des siécles sur le premier Trône de l'Europe, ne pert-elle pas beaucoup à ne durer que cinquante, que cent ans sur le Trône de l'Europe entiére ? Y a-t-il de la proportion ?

Mais voyons quelle est la cause de la ruïne des Maisons Impériales, & si l'on ne peut trouver de préservatif suffisant contre un pareil malheur. Cette cause, c'est l'ambition, c'est un désir violent de s'agrandir : Or il est impossible d'empêcher que ce désir ne naisse & ne dévienne très-violent dans tous les siécles, dans toutes les Cours, & dans un grand nombre de Courtisans ; il ne peut même jamais être rétenu, que par une crainte plus forte que le désir, comme seroit celle de se perdre infailliblement soi-même & sa famille.

Or entre les sujets de crainte que peut avoir un Conspirateur qui veut se mettre une Couronne sur la tête, on peut dire que le principal est la crainte des Souverains voisins, qui, soit comme parens, soit comme alliez, soit comme amis, ou simplement comme Souverains, sont interessez à proteger les malheureux restes d'une Famille Royale échapez d'une conspiration, & à poursuivre vivement la punition du Conspirateur. Mais cette crainte ne sçauroit plus naître dans l'esprit des ambitieux, s'il n'y a plus de Souverains voisins. Or dans la supposition de l'Europe soûmise à un seul, ce Souverain n'auroit plus en Europe de voisins qui pussent proteger ses Descendans ou les Princes de son Sang, ni vanger sa mort, parce que lui ou ses Prédécesseurs auroient pris soin de détruire & d'anéantir tous les Souverains d'Europe.

Cependant plus l'objet est grand, plus il excite de Conspirateurs, plus il les engage à leur entreprise. Il est impossible que les Empereurs ne craignent, ou leurs fréres, ou leurs parens ; & cette crainte pousse souvent des Empereurs Barbares à s'en défaire, & à s'opposer ainsi eux-mêmes à la durée de leur Maison. D'un autre côté il est impossible qu'un Empereur n'ait des Ministres, des Généraux, des Favoris. Il est impossible qu'il ne leur communique son crédit, & qu'il ne leur confie ses Armées. Or ces Ministres, ces Généraux, ces Favoris sont des hommes presque toûjours très-ambitieux, & que peut-on attendre d'une passion aussi vive que l'ambition, quand elle ne peut plus être retenuë par son premier frein, qui est la crainte? Ainsi plus l'Empire sera étendu, plus les conspirations contre l'Empereur & la Maison Impériale seront faciles & fréquentes. Ainsi le danger de la ruïne de cette Maison croît à proportion de cette élevation, & elle ne sera jamais plus proche de sa ruïne, que lorsqu'elle aura détruit toutes les autres.

Qu'un Descendant de cet Empereur soit peu habile, peu laborieux, livré à ses plaisirs, méprisé par ses Sujets, un Général hardi, heureux, accrédité à la Cour, aimé des Officiers & des Soldats, se fera proclamer Empereur par son Armée; il marchera vers la Capitale; une tête ôtée, le voilà Maître de l'Empire, & il n'a point à craindre d'être détrôné par le secours des Souverains voisins.

Qu'une Impératrice Régente dévienne éprise de quelqu'un des Grands de sa Cour, habile, hardi, adroit, il se fera bien-tôt des créatures ; il épousera l'Impératrice, fera empoisonner l'héritier de l'Empire, fera périr en prison les Princes du Sang, s'emparera du Gouvernement, & voilà une nouvelle Maison Impériale qui s'établit sur la ruïne de celle qui avoit détruit toutes les autres.

Qu'un Empéreur d'Europe laisse en mourant la Régence à un premier Ministre pour l'ôter à un frere, à un parent dont il soupçonne la fidélité, ce Ministre gagnera à loisir les principaux Officiers des Armées & du Conseil ; il les attachera à sa fortune ; il fera périr les Mineurs, & se mettra ainsi facilement la Couronne Impériale sur la tête. Qui les empêchera les uns & les autres de tenter ces entreprises, & qui les arrêtera dans l'exécution ?

Ce ne sont pas ici des visions, ce ne sont pas des sujets de crainte qui soient chimériques ; on n'a qu'à ouvrir les histoires de toutes les Nations, pour voir que ce sont des réalitez. Il n'y a qu'à ouvrir l'histoire des Césars, d'Herodien, pour voir qu'en soixante ans il y a eu quatorze Maisons Impériales chassées du Trône l'une par l'autre. Qu'on éxamine les diverses catastrophes des autres Maisons Impériales depuis Constantin, jusqu'aux Paleologues, à qui Mahomet second ôta l'Empire Grec, on en verra plus de cinquante différentes qui ont toutes été bouleversées les unes par les autres par des conspirations de Ministres, de Généraux, de Favoris contre leurs Maîtres; de sorte que l'on peut dire qu'en douze cens ans, chaque Maison Souveraine, l'une portant l'autre, n'a pas duré vingt-quatre ans. Cela paroît incroyable; cependant cela est très-réel; & quelle gloire pour une Maison Impériale d'être confonduë en douze siécles avec cinquante autres Maisons de Sujets de vîle naissance & de peu de considération? Mais que l'on suppose, si l'on veut, qu'au lieu de cinquante Maisons bouleversées, il n'y en ait que vingt-cinq, qui ayent regné chacune quarante-huit ans. Qu'est - ce que quarante - huit ans pour la durée d'une Maison ?

Pour prophétiser sûrement ce qui arrivera à la Maison de cet Empereur d'Europe, il ne faut que lire ce qui est arrivé aux Maisons de semblables Monarques; on trouvera que l'unique cause du renversement de leur Maison, c'est qu'en mourant ils n'ont point laissé à leurs enfans de Protecteurs puissans dans leur voisinage, & où en auroient-ils, eux qui n'avoient d'autre but, que d'anéantir leurs voisins, & qui, en les détruisant, détruisoient, sans y penser, les seuls véritables Protecteurs de leur postérité ? Il est vrai qu'ils étoient parvenus à n'avoir plus d'ennemis à craindre au dehors: mais ils sont par la même voye parvenus à multiplier leurs ennemis au dedans, & à mesure qu'ils ont détruit les uns, ils ont rendu les autres plus nombreux & plus formidables.

L'ambition est une passion qui produira toûjours dans de semblables conjonctures de semblables effets : d'ailleurs le Conspirateur n'a pas toûjours l'ambition pour unique motif; la haine, la vangeance, la crainte vive d'être bien-tôt prévenu & détruit par une Cabale opposée, le pressent encore souvent de tenter les périls de la Conspiration. Telle est la nécessité d'un grand nombre de Conspirations différentes : ce sont des maladies mortelles pour les Maisons des Empereurs, & il n'y peut jamais avoir aucun préservatif qui puisse rassûrer contre ces accidens; voilà donc un inconvénient certain terrible pour la Maison du Monarque de l'Europe, & un inconvénient sans reméde.

Voilà cependant l'abîme où conduit la trop grande puissance : voilà où conduiroient ces désirs de Monarchie de l'Europe. Or est-il sensé, quand une Maison est déja fort élevée au dessus des autres, de désirer de la porter si haut, que sa propre élevation en cause infailliblement la ruïne totale vingt-cinq ans, cinquante ans, cent ans après?

Il n'en est pas de même des agrandissemens d'une Maison de particulier ; son élévation n'en sçauroit causer la ruïne, parce qu'elle est toûjours protegée par les Loix qui sont elles-mêmes soûtenuës par l'autorité d'une Société permanente, & par les forces entiéres de toute la Société : mais pour ce qui est d'un Empereur d'Europe, nulle protection à attendre des Loix, quand le Conspirateur se met au dessus, en se saisissant des rênes de l'Empire.

Ces considérations m'ont conduit à un raisonnement qui me paroît sans réplique ; car ou les espérances de l'agrandissement de Territoire sont très-vastes, ou elles ne sont que médiocres : si elles sont très-vastes, & que le Souverain désire la Monarchie de l'Europe, elles sont très-mal fondées ; mais qu'elles soient bien fondées, je veux que le succés réponde dans deux cens ans à ses désirs ; ne voit-il pas que cette même Maison sera bien-tôt après bouleversée & entiérement anéantie par ses propres Sujets ? Or désirera-t-il de renverser, d'anéantir lui-même sa Maison ? Désirera-t-il de procurer ainsi l'établissement de cent autres Maisons Impériales de basse naissance, qui étoufferont même tout souvenir de la sienne dans la postérité ?

Si ses espérances sont médiocres, & qu'il ne désire que quelques Provinces de plus, qu'il compare l'objet de ses désirs, qui est même fort incertain, & qui lui coûtera plus qu'il ne vaut, avec les avantages immenses, réels & certains qu'il tirera d'une Paix perpétuelle, affermie par le Traité d'Union, & s'il lui reste un peu de prudence, il sentira alors l'extravagance de ses premiers desseins, puisqu'ils le conduisoient par un chemin très-odieux, très-difficile, & plein de hazards au bouleversement total de sa Maison.

Pour rendre la démonstration plus sensible, j'ai supposé en Europe deux autres Maisons égales en puissance à celle de France : mais je n'ai pas besoin présentement de cette supposition ; je n'ai besoin pour faire sentir toute la force du raisonnement, que de trouver en Europe une Ligue ou toute faite, ou seulement possible entre plusieurs Souverains, qui forment une Puissance égale à la Maison de France. Or cette Ligue est non-seulement possible, elle est toute formée ; non-seulement sa puissance est égale à la Maison de France, mais elle est même supérieure ; non-seulement il y a une Ligue supérieure toute formée, mais il s'en peut encore former une autre composée d'autres Souverains, qui n'ont point pris parti dans la Guerre présente entre la Maison de France & la Maison d'Autriche, & qui, s'ils étoient bien unis, formeroient une puissance encore supérieure à la Maison de France.

Mais quand il n'y auroit qu'une seule Ligue égale, la force du raisonnement subsisteroit en son entier, puisque les Chefs, ou le Chef de cette Ligue feroit alors le même effet, que feroit le Chef d'une Maison égale en puissance, & comme elle est supérieure au lieu d'être égale, le raisonnement en est encore en plus forts termes, pour déterminer la Maison de France à préférer le Systême de la Paix.

Il y a même une considération qui fortifie encore la démonstration, c'est que dans la constitution présente de l'Europe, l'Espagne, Monarchie feminine, peut passer avant cent cinquante ans par une fille dans une autre Maison que celle de France ; ce qui est arrivé de nos jours cent cinquante ans après la mort de Charles V. ne peut-il pas arriver en pareilles espéces à l'égard des descendans de Philippe V ? Or si cela arrivoit, la Maison de France, qui ne fait présentement au plus que le tiers de l'Europe, n'en feroit alors que la sixiéme partie. Ainsi dans la nécessité où elle se trouve dans le Systême de la Guerre, ou de détrôner les autres Maisons, ou d'en être détrônée, il y auroit six à parier contre un à hazard égal, qu'elle seroit un jour détrônée, au lieu qu'il n'y a présentement sur la possibilité de ce détrônement, que trois à parier contre un. Voilà donc pour la Maison de France encore un sujet de craindre plus la diminution que d'espérer l'agrandissement de Territoire.

Je sçai bien que les autres Maisons d'Europe sont inférieures à la Maison de France ; je sçai bien même que la Ligue d'aujourd'hui peut se rompre ; mais qui ne sçait qu'il peut arriver dans le cours de plusieurs siécles ce qui est déja arrivé plus de dix fois depuis trois mille ans, que le Souverain d'un Etat aussi petit que l'est présentement la Savoye, que l'étoit autrefois la Macedoine, peut trouver l'occasion de renverser en peu d'années le plus grand, le plus puissant Etat de la Terre. Sesostris, Cyrus, Alexandre, Attila, Alaric, Almanzor, Genghiskan, Tamerlan, les Princes Turcs, le dernier Prince Tartare qui envahit la Chine il y a soixante & dix ans, tous ces Princes étoient les uns dix fois, les autres vingt fois, quelques-uns trente fois moins puissans que les Etats qu'ils soûmirent. Il est vrai que les conjonctures leur furent favorables, mais ces conjonctures ne se peuvent-elles pas retrouver de tems en tems, comme elles se sont déja si souvent trouvées ? Ils n'avoient pas même le secours des Ligues d'aujourd'hui ; cépendant on voit leurs succés. D'ailleurs moins ces Souverains sont puissans, plus il y en a ; & n'est-il pas plus aisé de trouver dans un plus grand nombre, que dans un plus petit, des Princes audacieux, téméraires, & heureux ? De sorte que si d'un côté la possibilité de renverser la Maison diminuë par le peu de puissance de ses voisins, elle augmente de l'autre à proportion qu'ils sont en plus grand nombre. Ainsi toute la force de la démonstration subsiste.

Il est vrai qu'il ne paroît guéres possible d'inspirer à des Souverains très-puissans la crainte raisonnable que leur postérité soit un jour détrônée & anéantie ; ils ont vécu toute leur vie dans une parfaite sécurité, & ce qu'ils n'ont point craint pour eux-mêmes, il semble qu'ils ne sçauroient le craindre pour leurs arriéres-petits-fils ; mais ils n'en sont pas pour cela plus prudens. Les Rois que vainquit Sesostris, ceux que détrôna Cyrus, ne craignoient, ni pour leurs Maisons, ni pour eux-mêmes dix ans avant qu'ils fussent attaquez; les uns étoient beaucoup plus puiſſans que ces Conquerans, les autres en étoient trop éloignez: il eſt vrai qu'ils ne craignoient point, mais n'avoient-ils nul ſujet de craindre? Darius ne craignoit rien du petit Roi de Macedoine; mais n'avoit il rien à en craindre, & la ſécurité des Princes vaincus juſtifie-t-elle leur imprudence? Un Souverain qui n'a vû dans ſon Etat nulles diviſions, nuls ſchiſmes, ne s'imagine pas qu'il y en naiſſe, même cent ans après lui. François premier ne voyoit pas les Guerres Civiles que firent naître les diſputes des Théologiens, & qui déſolerent ſon Etat après ſa mort durant plus de quarante ans : il ne voyoit pas que la Maiſon Royale ſeroit quinze ans durant à deux doigts d'être chaſſée du Trône, & d'être même entiérement exterminée ; mais cependant ces terribles malheurs, pour n'avoir été ni prévûs, ni rédoutez, n'en étoient ni plus éloignez, ni moins à craindre. Qu'on ſe ſouvienne de la derniére Guerre Civile d'Angleterre, Charles prémier ſeulement

dix

dix ans avant sa mort ne craignoit point les suites des démêlez naissans qu'il avoit avec son Parlement; mais n'étoient-ils point à craindre ? Cromvvel usurpa la Couronne sous le nom de Protecteur. Qu'est-ce qui lui donna cette hardiesse ? Une seule considération : c'est qu'il crut qu'il seroit assez puissant pour se maintenir contre les Puissances étrangéres, qui voudroient tenter de vanger le meurtre du Roi. Si la puissance de l'Angleterre eût été la moitié moindre, la Régente de France auroit vangé sa belle-sœur. Ainsi ce fut la puissance de la Monarchie Angloise, qui fut cause de l'Usurpation, & qui mit l'Usurpateur à couvert de la punition de son crime.

Il est certain que la multiplicité des Souverainetez d'Europe, que je suppose réduites, pour avoir droit de suffrage, au nombre de vingt-quatre, n'affoiblit en aucune maniére la démonstration que j'ai faite dans la supposition, qu'il n'y eût en Europe que trois Maisons Souveraines égales en puissance : mais cette multiplicité de Souverainetez nous donne un avantage d'un prix infini, que n'auroient pas, & que ne pourroient jamais avoir ces trois Maisons ; c'est que quand aujourd'hui les trois Chefs de ces trois Maisons seroient convenus de décider leurs différens futurs *sans Guerre*, & par l'Arbitrage du troisiéme non interessé, cette convention n'auroit aucune *sûreté suffisante* d'être exécutée ; parce que deux de ces Chefs pourroient changer de sentiment durant leur vie, & que leurs Successeurs mal conseillez pourroient être d'un sentiment opposé, & sans songer à ce qu'ils vont perdre par la discontinuation de la Paix, se liguer follement pour envahir les Etats du troisiéme : Je sçai bien qu'en cela ils féroient une grande folie, & que quand ils auroient détrôné ce troisiéme, ils ne pourroient subsister long-tems, sans que l'un des deux ne détrônât l'autre : je sçai bien que les grandes folies sont rares, mais elles peuvent arriver, tant qu'elles ne sont point retenuës par de grandes craintes.

Mais la convention qui se féroit entre les vingt-quatre Souverains, n'auroit pas ce terrible inconvénient ; c'est que tout se décideroit dans le Congrez par les trois quarts de ces voix. Or les trois quarts de ces voix sont des Princes moins puissans, qui n'ayant pas tant d'espérance d'envahir, que de crainte d'être envahis, séroient toûjours vivement intéressez à maintenir l'Union, & fortement attachez à l'exécution du Traité. Or comme tous ensemble ils féroient beaucoup plus forts que ceux qui par une fole ambition pourroient entreprendre de troubler l'Union & la Paix, ils seroient parfaitement sûrs, ou qu'elle ne féroit jamais troublée, ou que les Perturbateurs feroient bien-tôt détrônez, & la grande crainte d'un danger aussi grand & aussi évident suffiroit pour empêcher ces ambitieux de tenter & même de former un pareil projet. Ainsi l'on voit que d'un côté la grande crainte d'être envahis, & de perdre les fruits inestimables de la Paix, féroit une *sureté suffisante* de la sagesse de tous les

Q ij

Souverains moins puissans, & de l'autre que cette sagesse de ces moins puissans bien unis seroit une *sureté suffisante* contre la naissance ou le progrés de la folie des plus puissans, qui voudroient tenter de détruire la Société.

Il est aisé de juger qu'il y a de l'avantage pour un Souverain à signer un Traité, quand d'un côté il est évident que ce qu'il céde est de même nature & égal à ce qu'on lui céde, & que de l'autre il acquiert encore quelque chose de plus qu'il n'avoit. Or que cédera le Souverain le plus puissant d'Europe qui signera le Traité d'Union ? Il cédera l'espérance que peut avoir lui & sa postérité, d'agrandir son Territoire aux dépens de ses voisins. Mais que lui cédent ses voisins ? Pareilles espérances *également fondées*, qu'ils peuvent avoir eux & leur postérité d'agrandir jamais leur Territoire aux dépens du sien ; je dis *également fondées*, puisque cette égalité de fondement est nécessairement produite par l'égalité de puissance, & par l'égalité des conjonctures à venir. Or je viens de montrer que par le secours des Ligues il peut y avoir en Europe une puissance égale à la puissance de ce Souverain, qu'il y en a même déja une toute formée, qu'elle est même supérieure, & qu'il peut même y avoir deux Ligues semblables, & chacune aussi puissante que la plus puissante Maison.

Je n'examine point présentement la véritable valeur de cette espérance d'agrandissement de Territoire que le Souverain le plus puissant abandonne en faveur des autres Souverains: il me suffit d'avoir fait faire attention qu'elle est de même nature, & fondée sur les mêmes espérances d'agrandissement de Territoire que ces Souverains abandonnent de leur côté en faveur de ce Souverain.

Il y a même une considération en faveur de la Maison la plus puissante, c'est que comme elle est plus près du Trône de l'Europe, qu'aucune autre, elle est par conséquent plus proche de sa ruine totale, & qu'ainsi elle tirera de la Société Européenne plus d'avantage, qu'une Maison moins puissante, en ce que cette Société l'empêchera d'arriver à un terme si pernicieux : elle n'est pas au faîte de la grandeur, mais elle est au faîte de la grandeur durable ; c'est que portée plus loin, elle ne peut plus être soutenuë par aucune Société ; au lieu que par l'établissement, & par la durée de la Société Européenne, elle durera toûjours, au lieu que sans l'établissement de la Société Européenne cette Maison est dans la malheureuse nécessité d'être bouleversée, ou par les autres Maisons après beaucoup de Guerres, ou par ses propres Sujets au milieu de la Paix.

Il demeure donc démontré : 1°. Que dans le Systême de la Guerre c'est une nécessité que dans le cours de quelques siécles les Maisons Souveraines se bouleversent & s'anéantissent les unes les autres, & qu'elles soient même bouleversées par des Conspirations de leurs Sujets.

2°. Que pour la plus puissante Maison d'Europe, telle qu'est la Maison de France, il y a dans le Systême de la Guerre deux fois plus de fondement de craindre qu'elle sera bouleverſée par quelqu'une des autres, qu'il n'y a pour elle de fondement d'eſpérer qu'elle les bouleverſera toutes.

3°. Que quand il arriveroit qu'elle les eût toutes bouleverſées, elle n'en ſeroit que dans un danger plus proche & entiérement inévitable d'être infailliblement bouleverſée par des Conſpirations toûjours ſucceſſives de ſes Sujets.

Ainſi il eſt certain que ſi dans le Syſtême de la Paix perpétuelle, & par le moyen de l'établiſſement de la *Société Européenne*, il eſt poſſible de rendre pour la Maiſon de France toute diminution, toute perte de Territoire impoſſible, & d'ôter à cette Maiſon tout fondement de crainte d'être anéantie, ou par les autres, ou par ſes propres Sujets; mais à condition de renoncer à tout agrandiſſement de Territoire, & de donner des *ſûretés ſuffiſantes* de cette rénonciation, elle gagnera beaucoup à préférer le Syſtême de la Paix perpétuelle au Syſtême préſent de la Guerre, *& qu'il y a pour elle plus d'avantage à ſigner le Traité de l'établiſſe-*

ment de cette Société, qu'à ne le pas signer; & c'est ce que j'avois à démontrer.

SECOND AVANTAGE.

Vûë de substituer la Monarchie d'Espagne aux mâles de la Maison de France. Impossibilité de rendre cette substitution suffisamment solide dans le Systême de la Guerre : facilité de la rendre suffisamment solide dans le Systême de la Paix.

Vûë de rendre la Monarchie de France & la Monarchie d'Espagne absolument incompatibles en un seul Chef. Impossibilité d'avoir sur cela sûreté suffisante dans le Systême de la Guerre : facilité d'avoir cette sûreté dans le Systême de la Paix.

Il est certain qu'il est de la derniére importance pour l'Europe d'avoir *sûreté suffisante*, que ces deux Monarchies ne soient jamais unies sous

sous un même Chef, comme il est de la dernière importance pour la Maison de France d'avoir *sureté suffisante*, que tant qu'elle aura des mâles, aucune de ces Monarchies ne passera jamais dans une autre Maison. Or que l'on compare sur cela les deux Systêmes, comment l'Europe, comment la Maison de France pourront-elles trouver dans le Systême de la Guerre, où tout est dans une perpétuelle incertitude, comment y trouver, dis-je, cette *sureté suffisante* ?

Au contraire dans le Systême de la Paix, où rien ne peut changer, où tout est fixe & permanent, où toute Guerre est impossible, où la Société est toute-puissante, inaltérable, où les conventions seront toûjours soûtenuës par cette toute-puissance, comment n'y pas trouver cette *sureté réciproque*, soit en faveur de la Maison de France pour la durée de son illustration, soit en faveur des autres Souverains pour leur propre tranquillité ? Il ne peut venir qu'un doute, qui est de sçavoir s'il est effectivement possible de former cette Société de maniére qu'elle soit *inaltérable* : mais je demande sur cela crédit jusques après la lecture du Discours suivant ; & j'espére que l'on verra la chose parfaitement démontrée.

La Maison de France ne peut jamais avoir une garantie sûre de cette substitution, si ce n'est par le consentement & par l'établissement de la Société Européenne, & l'Europe ne peut jamais être parfaitement tranquille, & exemte des dépenses nécessaires pour se tenir sur ses gardes, que lorsque cette Maison donnera les mains à l'établissement de cette Société, & consentira à l'incompatibilité des deux Monarchies; il se féra ainsi entre la Maison de France & le reste de l'Europe un échange de droits, de prétentions, d'espérances, qui sera infiniment avantageux aux deux parties.

Donc si la Société Européenne peut procurer au plus puissant Souverain sûreté suffisante de la perpétuité de la Paix au dedans & au dehors de son Etat, il trouvera beaucoup plus d'avantage à signer le Traité pour l'établissement de cette Société, qu'à ne le pas signer.

TROISIE'ME AVANTAGE.

Voye de la force pour terminer les différens, comparée à la voye de l'Arbitrage.

J'ai montré dans le prémier Discours, que dans la constitution présente de l'Europe, c'est-à-dire, dans le Systême de la Division & de la Guerre, les Souverains n'avoient point d'autre moyen de décider leurs prétentions, & de terminer leurs différens que par la force, & que ces prétentions se renouvelleroient toûjours, & ne séroient jamais réellement terminées, que par la déstruction & l'anéantissement de l'un ou de l'autre des Prétendans ; c'est que les Traitez ne peuvent pas prévoir & régler clairement toutes les prétentions futures, & quand ils pourroient les prévoir, & les régler, les Souverains n'ont jusqu'ici *nulle garantie, nulle sûreté suffisante* de l'exécution de ces Traitez.

Au contraire, dans le Systême de

l'Union & de la Paix, il y a un moyen sûr & efficace de terminer *sans Guerre* tous les différens futurs : c'est l'Arbitrage perpétuel des Souverains d'Europe continuellement représentez par leurs Députez assemblés dans un Congrez perpétuel, parce que les Arbitres ainsi unis sont *suffisamment intéressez* pour vouloir fortement que leurs Jugemens soient exécutez, & *suffisamment puissans* pour en procurer réellement l'exécution, malgré la volonté & le pouvoir de celui qui voudroit y résister.

Voilà deux moyens très-différens, & cependant ce sont les deux moyens uniques. On ne sçauroit en imaginer aucun autre qui soit suffisant, & comme la voye de la force est le caractére principal du Systême de la Division & de la Guerre, la voye de l'Arbitrage perpétuel & tout puissant est le caractére principal du Systême de la Société & de la Paix ; il est donc question de choisir & de sçavoir lequel est le plus avantageux pour le Souverain le plus puissant de l'Europe, tel qu'est le Roi de France : car si le moyen de l'Arbitrage est le plus avantageux pour le plus puissant, c'est-à-dire, pour celui qui a le plus à espérer *de sa force*, & le moins à craindre de la force des autres, à plus forte raison sera-t-il le plus avantageux pour le Souverain moins puissant, c'est-à-dire, pour celui qui a moins à espérer *de sa force*, & plus à craindre de celle des autres ?

Il est certain que si le plus fort étoit *suffisamment sûr*, que lui & ses Descendans seront toûjours les plus forts, malgré les ruses de l'ennemi, malgré les hazards des Batailles, malgré les Ligues qu'on fera contre sa Maison, malgré les tems de foiblesse de cette Maison ; malgré les Révoltes qui s'éléveront un jour dans ses Etats & dans sa propre Famille. Il est certain (dis-je) qu'avec une pareille *sûreté*, il y auroit à perdre pour lui & pour sa Maison, de faire décider ses prétentions autrement que par la voye de la force, puisqu'il seroit sûr de les voir toûjours décidées selon sa volonté, &
de se faire entiérement rembourser,

tant des frais de la Guerre, que des dommages que ses Sujets auroient soufferts, soit par les hostilitez de l'ennemi, soit par l'interruption du Commerce.

Mais à voir la constitution de l'Europe, il s'en faut bien que ce plus puissant ait une pareille sûreté. Je prie le Lecteur de faire attention à ce qui se passe devant ses yeux. Les deux Branches de la Maison de France peuvent-elles jamais être plus unies, qu'elles ont été depuis onze ans, c'est-à-dire, depuis le commencement de la Guerre ? Peuvent-elles jamais faire de plus grands efforts que ceux qu'elles ont faits ? Il est évident au contraire 1°. Que les Alliez peuvent encore être plus unis. 2°. Qu'ils peuvent faire encore de plus grands efforts. 3°. Qu'ils peuvent encore augmenter leur Ligue, & que si la force de l'un peut augmenter dans cinquante ans, dans cent ans la force des autres peut augmenter en même proportion. Or si le Souverain le plus fort dans le tems même de sa plus grande force, ne sçauroit compter que tout se décidera selon sa volonté, qu'en résulte-t-il, sinon que toutes les dépenses que ses Descendans feroient à l'avenir, pour obtenir par la force des décisions favorables sur leurs prétentions, seroient en pure perte, comme sont les dépenses d'aujourd'hui?

Il n'y a donc jusques-là pour le Souverain le plus puissant de l'Europe aucun avantage de faire décider ses prétentions par la force, plûtôt que par les Arbitres, quand même on supposeroit que le Jugement favorable des Arbitres dépend autant du hazard, que le succès d'une Bataille. Mais voici un avantage pour lui dans le Systême de l'Arbitrage, qu'il n'a pas dans le Systême de la force.

1°. Si toutes les fois que le plus puissant prend les armes, il étoit *suffisamment sûr* que le pis aller de la décision qu'il se promet de la force, n'aboutiroit qu'à lui faire perdre tous les frais qu'il fera dans la Guerre, & tous les dommages que ses Sujets en souffriront, peut-être que, faute de bien supputer toutes ces pertes, & de les comparer à la véritable valeur de la prétention qui doit faire le sujet de la Guerre, il seroit assez mal-avisé pour vouloir en courir les risques, & pour l'entreprendre: mais il n'a pas même cette sûreté que ses ennemis le quittent pour cela; car s'ils ont dans la Guerre une supériorité suffisante, qui les empêchera de lui ôter le tiers, la moitié, le total même de son Etat, pour se dédommager de leurs pertes passées? Ce terrible inconvénient n'est pas dans le Systême de l'Arbitrage. Le Souverain le plus puissant ne peut jamais rien perdre au-delà de ce qu'il soûmet au Jugement des Arbitres; il ne fait point de grands frais; Ses Frontiéres ne sont point désolées; Son Commerce n'est point interrompu, & il n'a jamais de dédommagemens à faire à ses ennemis: Or qu'on suppute la grandeur de cet avantage.

2°. Il y a plus; c'est que dans le Systême de la Guerre, le Souverain le plus puissant, le plus pacifique, le plus sage est contraint, malgré lui, de prendre parti dans les différens, dans les Guerres d'entre ses voisins; ainsi il a non-seulement ses propres différens à décider par la force, mais il est encore dans la nécessité de faire tous ses efforts pour faire décider les différens des autres, conformément à sa propre sûreté ; au lieu que dans le Systême de l'Arbitrage, comme chacun des Souverains *a sûreté réciproque & suffisante* contre la mauvaise volonté des autres, chacun n'a à faire décider que ses propres différens, & se trouve Juge de tous les différens des autres. Or je demande si ce n'est pas là encore un grand avantage.

3°. Il ne faut pas prétendre que la Maison la plus puissante soit dans une indépendance absoluë; quiconque a sujet de craindre est dans la dépendance ; quiconque a grand sujet de craindre & de craindre un grand mal, est dans une grande dépendance. Ainsi on peut dire avec vérité que tous les Souverains, quelqu'indépendans qu'on les imagine, sont dans une dépendance très-réelle les uns des autres, parce qu'ils ont à craindre réellement les uns des autres, & qu'une Maison est tantôt plus, tantôt moins dépendante, à proportion de la force des Chefs des autres Maisons, & de la force de leurs Ligues, & cette dépendance est d'autant plus grande pour ce Souverain dans la voye de la force, que sa Maison est dans un danger continuel d'être renversée de fond en comble par un ou plusieurs ennemis qui seront devenus les plus forts ; elle ne dépend de personne pour prendre les armes, mais elle dépend du succés, après les avoir prises, & le succés de ses armes dépend de la force de ses ennemis.

Que l'on pése au contraire ce qu'elle peut craindre dans le Systême de l'Arbitrage, & l'on verra que comme elle a beaucoup moins à craindre de ses Arbitres, qu'elle n'a à craindre de ses ennemis, elle sera dans une indépendance beaucoup moins grande dans le Systême de l'Arbitrage, que dans le Systême de la force ; car enfin elle n'a à craindre du côté des Arbitres, qu'à proportion de la valeur des choses qui peuvent être mises en arbitrage. Or ce ne peut jamais être que pour les

Frontiéres, pour le Commerce, ou pour quelque injure personnelle.

A l'égard des Frontiéres, les Traitez les déterminent, ou s'ils ne les déterminent pas avec toute la précision réquise, la possession actuelle & paisible y supplée. Or tout ce qui vaut la peine d'être mis en dispute pour la possession est actuellement possedé, & a des marques évidentes de possession actuelle, comme sont la jurisdiction, les tributs, ou bien s'il n'y a, ni jurisdiction, ni tributs établis, la chose ne vaut pas la peine d'être possedée, & la possession ne vaut pas la peine d'en faire le sujet d'une dispute. Ainsi il n'y aura jamais de différent pour une Province, pas même pour une Ville, pas même pour un Bourg.

A l'égard des différens sur le Commerce, ces différens regardent moins le Souverain, que ses Sujets; mais d'ailleurs comme il sera établi, que les Loix du Commerce seront égales & réciproques entre les Nations, les Arbitres, qui sont les Souverains eux-mêmes par l'organe de leurs Députez, ne pourroient faire tort aux Sujets de ce Souverain très-puissant, qu'ils ne fissent le même tort à leurs propres Sujets.

A l'égard des différens personnels entre les Successeurs des Souverains d'aujourd'hui, on peut dire que d'un côté entre Souverains qui vivent si éloignez, ces différens sont très-rares : d'ailleurs l'Offensé a la voye de la plainte & de la réparation, & chacun d'eux, de peur de la honte de la réparation, sera fort éloigné de donner sujet de plainte. Enfin quand ces différens seroient intéressans, ce sont moins différens de Maisons, que différens de personnes. Or les personnes meurent, & les Maisons demeurent. La personne du Souverain peut alors être pour un tems dans la dépendance des Arbitres, mais sa Maison est, à l'égard des Arbitres, dans une parfaite indépendance. Or comme il est dans la nécessité, pour la réparation d'un tort personnel, de dépendre, ou de la force, ou des Arbitres, & que la dépendance de la force est infiniment plus grande & plus dure, il gagne considérablement à cet échange de dépendance.

4º. Mais quand on supposéroit de l'égalité dans ces deux espéces d'indépendance, ce Souverain, en passant dans le Systême de la Paix, acquiert autant qu'il céde : car enfin s'il céde aux vingt-trois autres Souverains le droit & la liberté de prendre les armes contr'eux, quand bon lui sembloit, pour se faire justice, malgré eux, les vingt-trois autres ne lui cédent-ils pas le droit, la liberté qu'ils avoient de prendre les armes contre lui, quand bon leur sembloit, pour se faire justice malgré lui ? S'il rénonce par ce Traité d'Union à prendre jamais la voye de la force contr'eux, & s'il choisit en leur considération la voye de l'Arbitrage, pour terminer les différens que lui ou ses Descendans pourront avoir avec eux, ces Souverains ne rénoncent-ils pas par le même Traité à prendre jamais la voye de la force contre lui & ses Descendans, & ne choisissent-ils pas en sa considération la voye de l'Arbitrage, pour terminer tous les différens qu'ils pourront avoir avec lui ou avec les Chefs futurs de sa

Maison? S'il leur céde par ce Traité le droit d'être ses Arbitres perpétuels, qu'ils n'avoient point; ne lui cédent-ils pas de leur côté le droit d'être leur Arbitre perpétuel, qu'il n'avoit point? Ainsi quelle que soit la supériorité que ce Souverain donne aux autres Souverains, en les établissant pour ses Arbitres perpétuels, ils lui en donnent autant en l'établissant pour leur Arbitre perpétuel: Quelle que soit la dépendance où il se met à leur égard, telle est aussi la dépendance où ils se mettent à son égard.

5°. Outre les considérations précedentes, qui diminuent infiniment cette sorte de dépendance, il est certain que l'on a d'autant moins à craindre ses Juges quand on croit avoir raison dans sa demande, ou dans sa défense, que l'on est sûr que ces Juges sont éclairez, équitables, & sollicitez à l'équité par leur propre intérêt. Or les Souverains qui sçavent que leur Jugement arbitral servira de loi & de régle contre eux-mêmes & contre leurs Successeurs, pour tous les cas pareils, ne sçauroient être plus fortement intéressez qu'ils le seront, à rendre des Jugemens parfaitement équitables. Or moins les Juges sont à craindre pour ce Souverain, moins la dépendance lui sera sensible ; de sorte que la dépendance où il se mettra à l'égard de l'Arbitrage, ne sera que l'ombre de celle où il est actuellement à l'égard de la force, & dont lui & ses descendans seront délivrez pour jamais.

6°. Quand la dépendance où est sa Maison dans le Systême de la force, ne seroit pas plus grande & plus dure, que la dépendance où elle sera dans le Systême de l'Arbitrage, il y auroit toûjours une distance infinie entre ces deux voyes de terminer les différens, à n'y considérer que les frais immenses que coûte la voye de la Guerre ; mais c'est un des autres avantages dont nous allons parler.

Donc si la Société Européenne peut procurer au plus puissant Souverain sureté suffisante de la perpétuité de la Paix au dedans & au dehors de son Etat, il trouvera beaucoup plus d'avantages à signer le

Traité pour l'établissement de cette Société qu'à ne le pas signer.

QUATRIEME AVANTAGE.

Le pouvoir & l'indépendance dans le Systême de la Guerre comparé avec le pouvoir & l'indépendance dans le Systême de la Paix.

S'il n'y avoit en Europe que deux Princes également puissans, ils seroient de droit absolument indépendans l'un de l'autre : mais comme ils auroient à se craindre l'un l'autre, ils seroient de fait dépendans l'un de l'autre ; car tout homme dépend de fait de tous ceux de qui il a à craindre, & il en dépend d'autant plus, qu'il a plus à en craindre. Dans cette supposition ces deux Princes ayant également à craindre l'un de l'autre, seroient l'un à l'égard de l'autre dans une égale dépendance de fait, qui est une dépendance naturelle & très-réelle.

Il est visible que s'ils pouvoient trouver

trouver un expédient pour n'avoir jamais à se craindre, ce seroit pour eux un grand avantage de sortir ainsi de leur mutuelle dépendance. Or comme le plus puissant Prince d'Europe peut rencontrer, & rencontrera toûjours des Ligues aussi puissantes que lui, s'il peut trouver un expédient de n'avoir jamais rien à craindre, ni de ces Ligues, ni d'aucun des membres de ces Ligues, il est visible qu'il sortiroit d'une dépendance de fait, qui est toûjours fort dure & fort contraignante. Or cet expédient on ne sçauroit jamais le trouver dans le Système de la Guerre, où chacun ne vise qu'à la force & aux voyes de fait; & il est au contraire tout trouvé dans le Système de la Société & de la Paix, où l'on ne suivroit que la voye de l'équité & du droit, & où l'on n'auroit jamais rien à craindre l'un de l'autre; parce que tous seroient sous la protection de la Société.

Pourquoi un Citoyen, dit-il avec raison qu'il ne dépend point d'un autre Citoyen son voisin? C'est qu'il n'a rien à en craindre. Pourquoi n'a-t-il rien à en craindre ? C'est que ce voisin ne peut pas venir *impunément* à main armée lui enlever ses biens, & lui ôter la vie. Et pourquoi ne le peut-il pas impunément, & sans qu'il lui en coûtât à lui-même la vie ? C'est qu'ils vivent tous deux dans une Société attentive & intéressée à faire observer ses Loix sur peine de mort dans une Société suffisamment puissante pour en procurer l'observation malgré la résistance des Réfractaires. Ces Citoyens sont donc réellement indépendans l'un de l'autre ; sans la Société ils n'auroient point cette indépendance. Les Chefs de Familles des Sauvages n'ont pas cette heureuse indépendance ; on peut leur enlever leurs biens *impunément* ; ils peuvent être assassinez tous les jours *impunément*. Ainsi faute de Loix, faute de Société, ils vivent les uns à l'égard des autres dans la plus dure de toutes les dépendances.

Que l'on suppose, comme il n'arrive que trop souvent, que la Maison du Souverain en question, n'ait pour Chef qu'un enfant ou un imbécile, cette Maison dans le Systême de la Guerre entréra dans une plus grande dépendance à l'égard de ses voisins; de sorte que si c'est un grand avantage pour elle de sortir de la dépendance dans le tems même de sa plus grande force, à plus forte raison trouvera t-elle un plus grand avantage de sortir de cette dépendance dans le tems de sa foiblesse. Ainsi ce Souverain trouve dans le Traité d'Union le sécret si désirable pour un Prince sage & prévoyant d'égaler les tems de foiblesse de sa Maison, aux tems de sa plus grande force; avantage qu'il ne peut jamais trouver, que dans un pareil Traité.

Voilà ce qui regarde sa situation à l'égard des Souverains ses voisins. Mais si l'on considére le pouvoir que ce Souverain a sur ses Sujets, & la dépendance où ils sont à son égard dans le Systême de la Guerre, & qu'on les compare au pouvoir qu'il a sur eux, & à leur dépendance dans le Systême de la Paix, il se présente un avantage visible & très-considérable; c'est que dans le Systême de la Guerre les Sujets pourroient se révolter, & se flater en se révoltant de rendre leur condition meilleure, parce qu'ils pourroient espérer du secours des Souverains voisins, ou du moins de se soûtenir par leurs propres forces ; ainsi leur dépendance est beaucoup moindre, & le pouvoir du Souverain fort contraint. Mais dans le Systême de la Paix, les Sujets de ce Souverain non-seulement n'auront nul secours à espérer dans leurs révoltes ; mais au contraire ils auront encore à craindre le secours que la Société Européenne tiendra toûjours tout prêt pour aider leur Souverain à les punir.

Il me semble qu'il demeure démontré que l'indépendance de droit demeure la même dans les deux Systêmes, mais que la dépendance de fait, qui nous fait toûjours craindre ou la force cachée, ou la force ouverte de la part de nos voisins & de nos ennemis ; que cette dépendance, dis-je, est absolument inséparable du Systême de la Guerre, au lieu qu'elle seroit anéantie dans le Systême de la Paix. Or je fais Juge tout bon estimateur, si l'éxemption de cette terrible dépendance n'est pas pour le bonheur de la vie, & pour la durée des Maisons Souveraines d'un prix infini.

L'augmentation du pouvoir à l'égard des Sujets n'est pas moins sensible : cet avantage est même si sensible pour le Souverain, que l'on m'a objecté que cette augmentation de pouvoir faciliteroit la tyrannie, c'est-à-dire, l'abus du grand pouvoir. Je répondrai ailleurs à cette objection ; il me suffit de montrer ici que le pouvoir du Souverain le plus puissant augmenteroit encore très-considérablement dans le Système de la Paix.

Donc si la Société Européenne peut procurer au plus puissant Souverain sureté suffisante de la perpétuité de la Paix au dedans & au dehors de son Etat, il trouvera beaucoup plus d'avantage à signer le Traité pour l'établissement de cette Société qu'à ne le pas signer.

CINQUIE'ME AVANTAGE.

Progrés des Loix, des Réglemens, des Etablissemens, utiles dans le Systême de la Guerre, comparé avec le progrés qu'ils feroient dans le Systême de la Paix.

Chacun sçait que plus les Loix & les Réglemens d'un Etat se perfectionnent, plus il dévient florissant, plus le Souverain en tire de richesses, & d'autres avantages considérables : Or loin que les Loix & les Réglemens se perfectionnent durant la Guerre, c'est précisément le tems où ils sont le plus négligez & le plus mal observez : les établissemens utiles, loin de s'augmenter, tombent tous les jours en décadence.

1°. Il y a par exemple, dans la plûpart des Etats de bonnes Loix pour prévenir les sujets de Procés entre les Sujets, pour les terminer à petits frais : mais il est facile de montrer que l'on pourroit les perfectionner, diminuer de plus de la moitié le nombre des procés, les terminer auſſi équitablement, plus promptement & à moindres frais. Qui empêche que l'on ne faſſe travailler ceux qui pourroient travailler utilement à cette matiére ? La Guerre. Qui empêche que l'on ne faſſe uſage des bons Mémoires que l'on a déja donnez ſur cela ? La Guerre. Qui peut donner au Souverain le loiſir & les moyens d'y pourvoir ? La Paix, la ſeule Paix perpétuelle.

2º. Rien ne contribuéroit davantage à augmenter le Bonheur du Souverain & de ſes Sujets, que de trouver le ſécret de les obliger par leur propre intérêt à ne ſonger qu'à ſe perfectionner dans les talens de leur condition, à pratiquer tous les jours avec plus d'exactitude les vertus de leur Etat ; il n'y auroit pour cela qu'à trouver le ſécret de faire connoître au Souverain avec certitude les divers dégrez de mérite de ceux qui ſe préſentent pour les emplois publics. Or on trouve des choſes plus difficiles à trouver. Mais qui empêche de propoſer des prix à ceux qui donneroient sur cela de meilleurs Mémoires ? La Guerre. Et quand ils en donneroient, qui empêcheroit d'en faire usage ? La Guerre. Au contraire, n'auroit-on pas pour y réüssir, tout le loisir & toutes les facilitez possibles dans le Systême de la Paix.

3°. Il y a dans les grandes Villes & dans les Provinces un grand nombre d'excellens esprits, qui ont assez de loisir & de capacité, pour creuser les matiéres les plus difficiles, & pour donner d'excellens Mémoires, afin de faire naître des Réglemens très-importans. Qui empêche de former sous les yeux de chaque Ministre une Assemblée d'excellens Connoisseurs, pour tailler de la besogne à ces excellens esprits, pour diriger leur travail, & pour juger entre leurs ouvrages ceux qui seroient les plus dignes des récompenses honorables & utiles ? N'est-ce pas la Guerre ? Et y a-t-il un Systême plus commode pour faire un établissement si utile, que le Systême de la Paix perpétuelle.

4°. On sçait combien il est important

portant à un Etat d'avoir des chémins sûrs & commodes. Il y a pour cela de bons Réglemens : mais rien ne prouve mieux qu'ils ne sont pas assez parfaits, puisqu'ils sont si mal éxécutez. Les Réglemens n'ont jamais atteint leur perfection, qu'il n'y ait *assez* de gens *suffisamment* intéressez à les faire exécuter avec exactitude. Or qui empêche de perfectionner ces Réglemens ? La Guerre. Je sçai des gens qui ont donné des Mémoires. On a remis à les éxaminer après la Guerre. C'est que la Guerre occupe présentement tous les esprits, & tout ce qui n'est point Guerre, se remet sans distinction à la Paix.

5°. Il n'y a personne qui ne sçache que c'est un grand malheur pour un Etat, que d'être exposé de tems en tems à la famine. La dépense qu'il faudroit faire, pour éviter ce terrible malheur, en gréniers & en magazins, ne monteroit pas à la centiéme partie de la perte que fait l'Etat durant chaque siécle. Qui empêche les Souverains d'y pourvoir ? La dépense, les soins de la

Tome I. T

Guerre. Au contraire y auroit-il rien de plus aifé à pratiquer avec ordre & avec exactitude dans le Syftême de la Paix perpétuelle ? Il y a même une réfléxion importante fur ce fujet ; c'eft que les famines font beaucoup plus rédoutables en tems de Guerre par l'interruption du Commerce, au lieu que dans la Paix, comme tous les Païs de l'Europe ne peuvent pas être dans une égale difette de bleds, le Commerce rendroit ce malheur incomparablement moins à craindre.

6°. Les Etats fleuriffent à proportion du nombre des excellens efprits & des bons Citoyens qui font dans les emplois publics. Or on fçait que les lumiéres & les vertus ne croiffent qu'à mefure que l'efprit & le cœur ont été long-tems exercez, & en différentes maniéres dans la jeuneffe. Or ne peut-on pas perfectionner l'éducation des enfans ? Qui doute qu'on ne puiffe rendre dans les Villes & dans les Villages les petites Ecoles plus fréquentes & meilleures ? Qui doute qu'on ne puiffe avoir des Couvens de Réligieuses uniquement destinées à l'éducation des jeunes filles, & rendre peu à peu cette éducation beaucoup meilleure qu'elle n'est ? Or qui ne sçait la différence de femme à femme dans une famille, & la différence que met le plus ou le moins d'éducation entre les femmes, aussi bien qu'entre les hommes ? Combien de jeunes gens sortent du Collége pour l'armée, dans le tems qu'ils auroient à faire des études importantes pour leur élever l'esprit ? Combien pourroit-on abréger les méthodes, pour leur enseigner de chaque science, de chaque art, ce que chaque âge en peut facilement comprendre ? Mais il faudroit occuper sur cela d'habiles gens. Il faudroit une application suivie, & des Inspecteurs qui en rendissent compte aux Ministres de chaque Etat. Qui empêche que la plûpart de ces Réglemens ne se fassent, que l'on ne songe à ces Etablissemens ? Les soins pressans de la Guerre ; c'est la Guerre qui raméne la barbarie dans les Etats les mieux policez. Il y a long-tems que l'on dit que les Loix sont muettes durant la Guerre. On peut dire que si de toutes parts on perfectionnoit les méthodes pour l'esprit & la discipline pour les mœurs, les grands hommes de ce siécle ne séroient, pour ainsi dire, que des Ecoliers, en comparaison des grands hommes des siécles futurs. Or qui peut donner à l'Europe cette grande perfection, ce n'est l'établissement d'une Paix inaltérable?

7°. Il n'y a personne de nous qui ne croye qu'il est possible de rendre les révenus du Souverain beaucoup plus grands, en augmentant les révenus des Sujets; qu'il n'est pas impossible de rendre les Impositions plus proportionnées aux forces de chaque Sujet, moins préjudiciables au Commerce, & surtout beaucoup plus faciles à percevoir: mais il faudroit pour cela une Compagnie établie pour éxaminer avec une grande précision les Mémoires sur cette matiére: il faudroit, avant que le Souverain pût faire un si grand changement, qu'il fût sûr d'une longue Paix au dedans & au dehors. Or comment trouver cette sûreté dans le Systême de la Guerre?

Si je propose plûtôt ces matiéres, que d'autres, pour exemple, ce n'est pas qu'il n'y en ait encore de fort importantes, & qui méritent de bons Réglemens: mais c'est qu'ayant plus approfondi celles-ci, j'en ai aussi plus senti l'importance. J'ajoûterai une chose, c'est que pour faire éxécuter les bons Réglemens, il faut nécessairement trouver le moyen d'intéresser vivement une partie des Sujets à en procurer l'éxécution ; cela ne se peut faire sans des établissemens nouveaux ; il faudroit pour cela tirer des Païs voisins des modéles de ceux qui y sont déja formez ; il faudroit plus de loisir pour y penser ; il faudroit des fonds propres à y être employez ; il faudroit même souvent pour faire ces établissemens encore plus d'autorité sur ses Peuples, que n'en a le Souverain. Or peut-on jamais se promettre pareils avantages dans le Systême de la Guerre, ou peut-on jamais se les promettre la dixiéme partie aussi grands qu'on les auroit infailliblement dans le Systême de la Paix.

Il y a plus : c'est que quand dix Souverains de suite auroient bien pris de la peine à policer le même Etat, un Conquerant à la tête des Nations barbares viendra envahir cet Etat, & le replongera pour dix siécles dans la plus grande barbarie. Les exemples ne nous manquent pas. Tels sont les effets du Systême de la Guerre ; tels sont les effets du Systême de la Paix. Or que le Lecteur se mette, s'il se peut, à la place du plus puissant Souverain de l'Europe, & qu'on lui vienne proposer de signer un Traité de Société entre tous les autres Souverains, pour rendre la Paix inaltérable, réfusera-t-il de le signer ? Ne sentiroit-il pas au contraire la plus grande joye qu'il eût jamais sentie, de contribuér pour sa part à un Etablissement aussi avantageux pour lui, pour sa Maison & pour ses Sujets.

SIXIE'ME AVANTAGE.

La peine de cacher ses vûës dans le Systême de la Guerre, comparé avec la commodité de marcher ouvertement dans le Systême de la Paix.

Je ne prétens pas que dans le Systême de la Paix un Souverain n'ait jamais rien à cacher de ses desseins, mais il est certain qu'il en aura trois fois moins à cacher, soit à l'égard de ses voisins, soit à l'égard de ses Sujets. C'est qu'à l'égard de ses voisins, comme tous les Traitez futurs qu'il fera avec eux, seront faits à la Ville de Paix au vû, au sçû & du consentement de tous les autres Souverains, il n'aura aucune crainte d'être trompé, ni aucne espérance de tromper. Ainsi nul n'osera jamais rien proposer qu'il ne soit assûré lui-même qu'il ne propose rien que de convenable & d'équitable.

A l'égard de ses Sujets, ce qui pourroit l'obliger à leur cacher ses

T iiij

deſſeins, ce ſeroit qu'il craindroit, en les découvrant, qu'ils ne s'y opposassent par quelque Révolte, quoique ces deſſeins leur fuſſent dans le fond avantageux; Mais comme il ne craindra point de Guerre étrangére, & comme il ſera encore appuyé du ſecours de l'Union, il n'aura rien à ménager ſur le myſtére : au contraire, ſi c'eſt un bon Prince, il peut, communiquant tantôt un loüable deſſein, tantôt un autre, propoſer des récompenſes à ceux qui lui fourniront de meilleurs Mémoires, pour en faciliter l'éxécution : Or quel avantage n'eſt-ce point pour un Souverain, de pouvoir pour l'avancement de ſes deſſeins, mettre, pour ainſi dire, en œuvre, & à peu de frais, les plus excellens eſprits de ſon Etat, pour ſa propre utilité, & pour celle de ſes propres Sujets ?

Dans le Syſtême de la Guerre au contraire le plus puiſſant Souverain eſt très-contraint par le ſecret ; s'il ne communique ſes deſſeins, qu'à peu de perſonnes, il ne ſera ſecouru que par peu de lumiére ; s'il le communique à un grand nombre de personnes, il perd l'avantage du secret : c'est que dans ce Systême il a à craindre & voisins & Sujets : il est dans leur dépendance ; il est même souvent comme forcé de cacher ses profonds desseins, & de tromper les uns & les autres, de peur d'en être accablé : souvent le Peuple est incapable de voir qu'un établissement lui est, à tout prendre, beaucoup plus avantageux, que désavantageux. Ainsi le bon Prince même se trouve dans la nécessité de dissimuler, & de ne rien changer que par des dégrez insensibles, & cette contrainte, & ces longueurs retardent infiniment ses grands desseins : au contraire quelle différence ne trouveroi-til pas en cela dans le Systême de la Paix ?

SEPTIÈME AVANTAGE.

Progrés des Arts & des Sciences dans le Systéme de la Guerre, comparé au progrés qu'ils feroient dans le Systéme de la Paix.

Tout le monde sçait combien les Arts & les Sciences peuvent contribuer à rendre un Etat riche & florissant; avec le secours des Arts un homme peut faire autant que vingt autres qui seront sans Art: il peut faire avec dix Ecus, ce qu'un autre sans Art ne féroit pas avec deux cens Ecus. On peut se convaincre de cette vérité, en jettant les yeux sur l'Imprimerie, sur la Gravure, & sur des Arts plus anciens, sur les Moulins, sur les Voitures par eau, & sur cent autres Arts; d'un autre côté les Sciences aident à perfectionner les Arts, & les Sciences Spéculatives elles-mêmes, par leurs lumiéres & par leurs Méthodes, peuvent beaucoup servir à perfectionner la Médecine, la Jurisprudence, la Morale, & surtout la Politique, dont dépend le bonheur des Souverains & de leurs Sujets.

Or qui ne voit la prodigieuse différence qu'il y auroit dans les Arts & dans les Sciences, si les dépenses & les soins de la Guerre n'en retardoient jamais le progrés ? Combien de familles se trouvent pendant la Guerre dans l'impossibilité de faire la dépense d'une éducation convenable ? Combien de gens occupez du métier de la Guerre, se seroient appliquez heureusement les uns aux Arts, les autres aux Sciences ? Combien les Pensions, combien les Prix pour les plus habiles auroient excité d'émulation entre les bons esprits ? Or n'est-il pas visible que plus il y a de bons esprits appliquez à une Science, que plus leurs efforts sont excitez par l'émulation, plus aussi les progrés imperceptibles qu'ils font tous les jours, deviennent sensibles, même chaque année ? Combien pourroit-on emprunter de choses des Nations étrangéres, & les perfectionner sans l'interruption du Commerce ? Voilà les véritables moyens d'agrandir & d'enrichir son Etat, de lui donner de la splendeur. Or le Souverain le plus puissant peut-il jamais trouver les moyens de faciliter & de procurer un grand progrés des Arts & des Sciences, qu'en signant un Traité qui lui donne sûreté entiére de la perpétuité de la Paix?

HUITIE'ME AVANTAGE.

Durée des Monumens dans le Système de la Guerre, comparée avec leur durée dans le Système de la Paix.

La grande augmentation qui arriveroit aux révenus des Souverains, & surtout aux plus puissans, leur donneroit une merveilleuse facilité, pour élever de superbes Palais, des Temples magnifiques, pour faire des grands Chemins commodes, des Canaux, des Aqueducs, des Hôpitaux, des Ports, des Ponts pour augmenter les Academies, les Colléges, les Maisons de Pieté pour enrichir les Bibliotêques publiques, & les Cabinets curieux, pour former quantité d'autres Etablissemens, utiles Monumens de leur magnificence, de leur bonté, de leur sagesse: mais ce qui seroit de plus important pour ces Souverains, & pour leur postérité, c'est que ces Monumens fussent durables. Or quelle durée peut-on se promettre dans le Systême de la Guerre, où chaque siécle voit détruire quelque chose, qui méritoit de durer ? Combien régrettons-nous d'excellens ouvrages de Sculpture, de Gravure, d'Architecture, combien d'Histoires curieuses, de Régistres publics ? Qui les a fait périr ? La Guerre ? Combien de Livres anciens & d'autres Monumens de l'antiquité furent brûlez dans la seule Bibliotêque d'Alexandrie, lors de la Guerre Civile de César ? Combien les Goths, les Wandales, les Turcs, & les autres Barbares en ont-ils anéantis ? Qui garantira nos Monumens présens du même sort qu'ont eu les anciens ? Il n'y a qu'une tranquilité perpétuelle, qui puisse les conserver à la postérité.

Or cette tranquilité, qui peut l'assûrer aux Etats, aux Souverains les plus puissans, si ce n'est le Traité de l'Union qu'on leur propose ? Alors tout ce qui méritera de durer, durera, & rien ne sera enseveli dans l'oubli, que ce qui méritera d'être oublié.

NEUVIE'ME AVANTAGE.

Réputation des Souverains dans le Systême de la Guerre, comparée à la réputation qu'ils acquéreroient en contribuant à rendre la Paix inaltérable.

Que font les Souverains pour leur réputation dans le Systême de la Guerre, je parle même des meilleurs Princes, & des plus humains ? Ils sont souvent forcés d'accabler leurs Sujets de subsides : ils sont souvent dans la nécessité de ravager & de brûler les Provinces de leurs ennemis, & même leurs propres Provinces : que résulte-t-il de ces maux qu'ils causent à tant d'innocens ?

Une réputation pour la postérité fort odieuse dans les Ouvrages de beaucoup d'Ecrivains, glorieuse dans les Ecrits de quelques Plumes mercénaires, mais certainement très-douteuse & très-mêlée, telle que nul homme ne voudroit en avoir une pareille : c'est que le mal que le Conquerant fait souffrir & aux ennemis,& à ses propres Sujets, indispose extrêmement les esprits contre lui : on ne lui tient presque aucun compte,ni de ses bonnes qualitez,ni de ses grands talens : au contraire ceux qui souffrent,ou qui ont souffert, chargent ses défauts : un grand Conquérant est un Prince presque généralement haï de tous les Peuples, & des siens même : on le regarde, comme nos ancêtres regardoient Attila. Telle est la réputation qu'il laisse dans le Système de la Guerre.

Que l'on voye au contraire ce que ce Souverain peut espérer pour l'intérêt de sa réputation dans l'établissement de la Paix inaltérable ; la gloire d'avoir part au plus grand & au plus désirable établissement qui ait jamais été, & qui sera jamais sur la Terre, est certainement une espéce de gloire digne d'un Souverain, dont les sentimens sont nobles, & les vûës élevées. Il est visible qu'entre les Souverains, celui qui sera le plus puissant, & qui sollicitera plus fortement la signature de ce Traité d'Union, aura plus de part que tout autre à cette gloire; puisque d'un côté il cédera plus d'espérances & plus de prétentions que les autres, & que de l'autre par son crédit, par son pouvoir, & par son éxemple, il agira bien plus efficacement qu'aucun autre.

Il sera éternellement régardé de son Peuple, comme celui de tous les Princes, dont il aura reçû le plus durable bien-fait : il sera de même régardé par toutes les autres Nations présentes, & par leurs générations les plus réculées, comme un des Pacificateurs de la Terre, & comme le plus grand de tous les Bienfaicteurs : & après tout, y a-t-il quelque espéce de gloire comparable à celle de faire du bien, un très-grand bien, très-durable, non-seulement à un très-

très-grand nombre de personnes, de toutes sortes de mérites, non-seulement à tous ses Sujets, mais encore à tous les Peuples de la Terre, & de tous les siécles futurs ? Y a-t-il rien qui approche plus l'homme de la Divinité ? Y a-t-il rien de plus glorieux, que de travailler efficacement à anéantir pour jamais un monstre furieux, tel que la Guerre, qui dévore tous les ans tant de milliers d'hommes, qui ruine tant de Villes magnifiques ; qui désole tant de Provinces opulentes & abondantes, & qui renaît incessamment de ses cendres ? Qu'est-ce que la gloire des Hercules, des Thésées, & des autres Héros, dont on parle depuis trois mille ans, en comparaison de cette gloire ?

Que ne devroit-on point donner, que ne devroit-on point tenter, pour mériter & pour obtenir une pareille gloire dans son siécle, & dans les siécles futurs ? Et n'est-il pas heureux pour un puissant Souverain d'avoir en cette occasion de plus grandes espérances, que les autres, à sacrifier à la félicité des hommes ? N'est-ce pas même un grand bonheur pour lui, de trouver dans l'éxécution d'un pareil établissement des difficultez, qui paroissent insurmontables ?

Cependant telle sera la gloire qu'acquérera le prémier des Souverains qui entreprendra de surmonter ces obstacles, & qui les surmontera : il est vrai que les autres qui s'uniront à lui pour lui aider à les surmonter, auront part à la même gloire ; mais le prémier qui mettra la main à l'œuvre, passera toûjours, & avec justice, pour le principal promoteur de l'œuvre : & quel autre dessein peut jamais lui attirer plus d'honneur, contribuer d'avantage à remplir le reste de sa vie d'agrémens, & de sujets d'une joye raisonnable ? Quel autre Projet, quel autre Ouvrage, quel autre Monument peut rendre plus sûrement sa mémoire immortelle, & faire que son nom soit toûjours en bénédiction chez tous les gens de bien ?

On sacrifie volontiers tous ses travaux, toutes ses veilles, toutes ses fatigues, tous ses dangers, pour acquerir des portions de gloire, qui ne valent pas toutes ensembles la centiéme partie de celle-ci ; car ici tout y est au suprême dégré, l'objet, le sacrifice, les obstacles. Or que l'on m'indique pour un homme sensible à la belle gloire, un avantage aussi considérable.

Mais je vais plus loin que la gloire humaine, je porte plus loin mes vûës ; quel Projet plus digne d'un sage, d'un Héros Chrétien, qui se soucie de faire du bien & de rendre les autres heureux, sans se soucier des loüanges légitimes que les hommes peuvent donner à sa vertu ?

DIXIÉME AVANTAGE.

Situation d'esprit d'un Souverain dans le Systême de la Guerre, comparée à la situation de son esprit dans le Systême de la Paix.

Nous avons montré que le Souverain même le plus puissant de l'Europe dans le Systême de la Guerre à beaucoup plus de sujets de craindre les bouleversemens de sa Maison, qu'il n'a de sujet d'espérer l'agrandissement de son Territoire. Nous venons de montrer qu'à l'égard de la réputation, il n'y a pas même à gagner pour lui, & qu'une réputation qui n'est fondée que sur les malheurs & les ruines d'une infinité de familles, sur le massacre d'une infinité de personnes innocentes, & sur la désolation du genre humain, est une réputation bien odieuse: Que lui reste-t-il donc, s'il n'a ni sujet d'espérer, ni sujet même de désirer la Monarchie de l'Europe, ni l'espérance d'une réputation désirable? Veut-il que l'on ne puisse se souvenir de lui, que comme l'on se souvient de ce scélérat, qui dans la vûë de faire durer son nom, brûla le Temple d'Ephése, une des Merveilles du monde? Ne peut-il prendre de plaisir qu'au milieu du sang & du carnage? Si cela est, ce n'est pas un homme que l'on puisse jamais aimer; c'est un monstre qu'il faut promptement étouffer.

Mais s'il ne fait la Guerre que

pour obtenir justice ; ne l'aura-t-il pas dans le Système de la Paix, & ne sera-t-il pas sûr même qu'on ne lui ôtera jamais rien, ni à lui, ni aux siens de ce qu'il possède déja ? D'ailleurs n'est-il pas certain que quelque confiance qu'ait un Souverain dans le nombre & dans la valeur de ses Troupes, le hazard des Batailles & des autres événemens de la Guerre lui cause toûjours de grandes inquiétudes durant les Etez, & beaucoup de soins fâcheux, pour en faire les préparatifs durant les Hyvers ? Or quand il auroit toûjours eu jusqu'ici des succés heureux, ne doit-on pas toûjours en rabattre toutes les peines, dont on les achéte ? Mais les plus heureux ont des révers, & ils sont d'autant plus sensibles aux événemens malheureux, qu'ils ont été plus accoûtumez au plaisir du succés.

Je sçai bien que pour rendre heureux un grand génie, un grand courage, un tempéramment actif, & laborieux, il lui faut de l'occupation : mais autant qu'une occupation convénable à son caractére lui peut apporter de contentement, autant les agitations cruelles que causent les inquiétudes, peuvent le rendre malheureux; l'ame a besoin de mouvement, mais non pas d'un mouvement excessif : qu'elle désire & qu'elle agisse pour arriver à son but, à la bonne heure : mais qu'elle ne soit jamais, s'il est possible, dans les cruelles agitations d'une grande crainte.

Dans le Systême de la Guerre, ce Souverain n'est pas seulement occupé, il est agité, & souvent cruellement agité ; souvent c'est malgré lui qu'il fait la Guerre. Dans le Systême de la Paix au contraire, il n'a d'occupation que celle qu'il se choisit ; il n'a rien à craindre, ni de ses voisins, ni de ses Sujets. Ainsi il peut en tranquillité goûter tous les plaisirs d'un Prince sage : il peut mériter l'amour de ses Peuples par son application à les rendre tous les jours plus heureux que les autres Peuples; il peut ainsi, s'il aime la belle gloire, contenter pleinement ses désirs.

Or que l'on juge présentement combien la situation d'esprit que peut donner le Systême de la Paix est préférable à celle que donne le Systême de la Guerre.

ONZIEME AVANTAGE.

Produit du Commerce pendant la Guerre, comparé au produit du Commerce pendant la Paix.

Le révenu du Royaume de France en fonds de terre, y compris les fonds du Clergé, monte environ à quatre cens cinquante millions : le Commerce étranger par terre & par mer, & le Commerce intérieur de Province à Province, de Ville à Ville, monte au moins à pareille somme ; mais le Commerce étranger seul peut aller au moins au tiers du Commerce total, c'est-à-dire, à cent cinquante millions.

Il y a Guerre en France au moins de vingt années, dix, c'est-à-dire, que la moitié d'un siécle se passe en différentes Guerres, l'autre moitié en différentes Tréves ; on peut donc compter que la France perdant son Commerce étranger durant la moitié du siécle, elle perd cinquante fois cent cinquante millions, ou sept mille cinq cens millions en un siécle, ou soixante & quinze millions par an durant chaque siécle, année commune.

Je sçai bien que ce sont les particuliers, & non le Roi, qui font le Commerce; mais le Roi par ses droits d'entrée & de sortie, par l'interruption du Commerce du Sel, par la diminution de la consommation, & par la diminution du Commerce Maritime de Province à Province, y fait lui-même plus de la cinquiéme partie de cette perte; ainsi de ce côté-là, si des soixante & quinze millions, ses Sujets en perdent soixante millions, il perd pour sa part quinze millions par an, année commune, sur ses révenus ordinaires.

Il est même certain qu'une partie des Sujets qui sont employez à la Guerre, seroient employez au Commerce étranger, & que rien n'est plus capable d'enrichir l'Etat, que l'application des Sujets au Commerce. *Ainsi il est visible que si la Société Européenne*

Européenne peut procurer au plus puissant Souverain sûreté suffisante de la perpétuité de la Paix au dedans & au dehors de son Etat, il trouvera beaucoup plus d'avantage à signer le Traité pour l'établissement de cette Société qu'à ne le pas signer.

DOUZIE'ME AVANTAGE.

Multiplication des Sujets.

Ceux qui sont tuez dans les Combats, causent à l'Etat un affoiblissement proportionné à leur nombre. Ce grand nombre de Soldats & d'Officiers, qui périssent dans ces rencontres, auroit servi à la multiplication des Sujets. Or plus il y a de Sujets, plus les Manufactures produisent, mieux les Terres sont cultivées, plus elles rapportent; d'ailleurs plus il y a de gens occupez au Commerce, plus le Païs s'enrichit; il n'y a donc pas de comparaison à faire de ce côté-là entre le Système de la Guerre, où nous vivons, & le Système de la Paix, où nous pouvons vivre.

Tome I.   X

TREIZIÉME AVANTAGE.

Tribut des Provinces Frontiéres dans le Systême de la Guerre, comparé au Tribut des mêmes Provinces dans le Systême de la Paix.

Il me semble que le Lecteur sçait assez que des Païs désolez tous les jours par les fouragemens, souvent par des incendies, sont entiérement hors d'Etat de payer les Tributs ordinaires; or cette perte monte par an dans les tems de Guerre en France à plus de deux millions; ainsi comme de vingt années il y en a dix de Guerre, on peut compter qu'année commune il en coûte au Roi plus d'un million, & à ses Sujets plus de cinq millions. Or il est visible que dans le Systême de la Paix perpétuelle, ni le Roi, ni ses Sujets ne souffriroient point de pareilles pertes.

QUATORZIE'ME AVANTAGE.

Dépense en Troupes dans le Systême de la Guerre, comparée à la dépense en Troupes dans le Systême de la Paix.

Voici un article des plus importans, ou du moins dont l'importance est la plus sensible. Le Systême de la division & de la Guerre laisse à chaque Souverain tous ses voisins pour ennemis ; ainsi il est non-seulement obligé de faire une prodigieuse dépense en tems de Guerre, soit pour attaquer, soit pour se défendre ; mais il est même obligé en tems de Tréve de faire encore une grande dépense seulement pour se tenir sur ses gardes dans toutes ses Places, & particuliérement sur ses Frontiéres, & dans ses Ports.

Supposons, par exemple, un Etat dont le Souverain ait cent trente millions de révenu ordinaire, & qu'en tems de Tréve il en dépense quarante millions en Garnisons, en Marine, & autres Troupes ; supposons qu'en tems de Guerre il ait besoin de quatre-vingt millions d'extraordinaire, tant pour l'augmentation de ses Troupes, que pour ce qu'il en coûte de plus quand les Troupes sont en action : il est vrai qu'à l'égard de cet extraordinaire, il ne le prend pas sur son propre revenu, mais il y en prend toûjours partie, quand ce ne seroit que cinq millions. Il est évident que si par le Traité de Société Européenne son Royaume n'avoit plus rien à craindre, & que de ces quarante millions de dépense ordinaire, il fût seulement obligé d'en dépenser dix, il auroit trente millions en pur profit, sans les cinq millions qu'il lui en coûte du sien en tems de Guerre, c'est-à-dire, de deux années l'une; ainsi il gagneroit au Systême de la Paix trente-deux millions & demi, sans compter ce qu'il féroit gagner à ses Sujets, en les déchargeant de la plus grande partie de cet extraordinaire; car que cet extraordinaire monte à quarante millions année commune, & qu'il en réserve seulement quinze millions pour son contingent de Troupes à entretenir sur les Frontières d'Europe, il sauvera encore à son Peuple vingt-cinq millions par an.

Or si par l'onziéme avantage le Roi gagne quinze millions, & ses Sujets soixante millions, si par le treiziéme avantage il gagne un million, & ses Sujets cinq, si par ce quatorziéme avantage il gagne trente-deux millions & demi, & ses Sujets vingt-cinq, ce seroit quarante-huit millions & demi de révenu annuel en pur profit pour lui ; & si l'on a égard à la diminution du Commerce intérieur de Province à Province durant la Guerre, & surtout des Provinces Maritimes, & que l'on mette pour cela huit millions année commune à cause de cette diminution, cela montera à plus de cent millions, qui réviendroient à ses Sujets en pur profit.

Or la perte que font les Sujets en produit une autre pour le Roi, c'est que l'on peut supposer que s'ils avoient par an cent millions de plus, ils mettroient la plûpart ces cent millions en révenu; je dis la plûpart, parce que ceux qui font cette perte, sont les trois quarts Marchands, qui mettent tout à profit, & qui ne laissent pas leur argent oisif : il peut bien être que la moitié du quart restant dépenseroient inutilement leur part, mais ce ne seroit que la huitiéme partie du total : Or on peut compter sans se tromper que les sept autres huitiémes des cent millions entre les mains d'aussi bons ménagers, que le sont ordinairement les Marchands, produiroient plus de cinq millions par an ; ainsi le Roi en prenant le dixiéme en différens droits, augmenteroit tous les ans son révenu de cinq cens mille livres ; ainsi en cent ans le révenu de ce Souverain, sans avoir rien pris que l'ordinaire sur ses Sujets, se trouveroit augmenté de cinquante millions.

Il n'y a personne qui ne sçache que les fonds de terre sont plus mal cultivez pendant la Guerre, & qu'ils produisent au moins un dixiéme de moins : Or le dixiéme de quatre cens cinquante millions, c'est quarante-cinq millions ; c'est donc vingt-deux millions & demi année commune. Enfin non-seulement le Commerce se maintiendroit, mais il s'augmenteroit tous les ans au moins d'un dixiéme par les nouveaux Establissemens, par l'augmentation des Arts, par l'augmentation des Manufactures : Or le dixiéme de quatre cens cinquante millions, c'est quarante-cinq millions : Or ces deux articles de vingt-deux millions cinq cens mille livres, & de quarante-cinq millions, féroient soixante-sept millions & demi : Or le produit seroit plus de trois millions, & le Roi prenant sur cela en différens droits la dixiéme partie, son révenu augmenteroit encore de ce côté-là de près de trois cens cinquante mille livres par an : Or en un seul siécle cet article augmenteroit son révenu de trente-sept millions : Or cinquante & trente-sept font quatre-vingt-sept millions & demi, outre l'augmentation présente de plus de trente-deux millions & demi. Ainsi on peut voir d'un coup d'œil avec évidence

que si la Société Européenne peut procurer au plus puissant Souverain sureté suffisante de la perpétuité de la Paix au dedans & au dehors de son Etat, il trouvera beaucoup plus d'avantage à signer le Traité pour l'établissement de cette Société, qu'à ne le pas signer.

QUINZIE'ME AVANTAGE.

La durée des Maisons Souveraines sur le Trône dans le Systême de la Guerre, comparée à leur durée dans le Systême de la Paix.

Plusieurs causes conspirent dans le Systême de la Guerre à diminuer la durée des Maisons Souveraines sur le Trône, & aucune de ces causes ne se trouveroit dans le Systême de la Paix.

1°. Plusieurs Maisons Souveraines ont été chassées du Trône dans des Guerres Etrangeres. Combien y en a-t-il dans l'Histoire ancienne, & e se raprochant de nôtre siécle ; la Maison Impériale des Paléologues n'a-t-elle pas été détrônée par les Turcs ? La Maison Impériale de la

Chine n'a-t-elle pas été chassée du Trône par un Conquerant Tartare? Les Maisons Royales du Méxique, du Pérou, &c. Or toutes ces grandes révolutions arrivées depuis deux cens cinquante ans, tous ces fâcheux bouleversemens ne déviendront-ils pas désormais impossibles par la perpétuité de la Paix?

2°. Un nombre infini de Maisons Souveraines ont péri par les Conspirations, & dans les Guerres Civiles: j'en ai rapporté un grand nombre d'exemples dans les Maisons Impériales. Que s'en fallut-il il y a six-vingt ans que la Maison de France n'y périt? Que s'en fallut-il il y a soixante ans que celle d'Angleterre n'y fût entiérement ensévelie? Ne fut-ce pas l'esprit de rébellion qui fit périr Henry III. à Saint Cloud, & même Henry IV. à Paris? Ne fut-ce pas ce même esprit qui fit périr Charles prémier à Londres? Y avoit-il la moindre apparence à ces événemens fâcheux, à ces terribles révoltes trente ans, vingt ans auparavant? Les Maisons Souveraines sont comme les Villes bâties auprès des Volcans, un tremblement de terre survient au milieu du plus grand calme, & tout est renversé. L'ambition est un feu perpétuel & soûterrain, qui ne se montre que lors qu'à la longue il est devenu assez fort pour surmonter les obstacles. Or dans le Systême de la Guerre, il n'y a point de préservatif contre un pareil mal, & il y en a un sûr dans le Systême de la Paix ; c'est une peine très-grande & absolument inévitable contre les Conspirateurs, & contre les Chefs des révoltes.

3°. Combien de Souverains & de Princes de Maisons Souveraines sont tuez dans les Guerres Etrangéres? Qui sçait si l'ancienne Maison de Portugal, branche de la Maison de France, ne subsistéroit pas encore si Dom Sebastien n'avoit pas été tué il n'y a pas six-vingt ans à la Bataille d'Alcacer contre les Mores ? Qui sçait si celle de Vasa ne subsisteroit pas encore, si Gustave Adolphe n'eût pas été tué à la Bataille de Lutzein, il n'y a pas quatre-vingt ans ? Combien est-il mort de Princes de Maisons Souveraines dans les Croisades? Combien de Maisons sont éteintes depuis, qui sans ces Combats subsistéroient encore aujourd'hui?

4°. Combien de Princes de Maisons Souveraines ont péri dans les Guerres Civiles d'Angleterre, dans les Guerres Civiles d'Allemagne? Et qui sçait si, sans ces pertes, il n'y auroit pas encore de grandes Maisons qui subsistéroient dans la splendeur? Je sçai bien que si elles subsistoient, d'autres qui se sont établies sur leurs ruïnes, ne brilleroient pas aujourd'hui : ce n'est pas que je sois fâché ni de l'établissement, ni de la splendeur des nouvelles ; au contraire je ne parle ici que pour leur intérêt ; c'est pour empêcher que d'orénavant il ne s'en établisse d'autres nouvelles sur la ruïne des leurs : je leur montre le sécret, l'unique sécret de les faire durer dix fois plus qu'aucune Maison Souveraine n'ait jamais duré ; c'est le Traité d'une *Société permanente*.

5°. Plusieurs Souverains ne se remarient point, dans la crainte de faire naître de la division entre les enfans de lits différens ; & ces divisions sont certainement fort à craindre dans le Systême de la Guerre, à cause du crédit que prennent souvent les nouvelles femmes sur le Souverain, & dans l'Etat. Mais comme elles ne séroient nullement à craindre dans le Systême de la Paix, à cause de la perpétuelle & toute-puissante protection de la *Société Européenne* en faveur des Loix de chaque Etat, il n'y aura aucun Souverain qu'une pareille crainte puisse empêcher d'épouser une nouvelle femme, & d'un âge à en avoir des enfans.

6°. Dans les Maisons des Souverains Catholiques, comme dans les Maisons des Particuliers, il arrive quelquefois que l'on fait les Cadets Ecclésiastiques : or dans nôtre Réligion, quand ils sont engagez dans les Ordres, ils ne peuvent se marier. On a vû en France les Cardinaux de Bourbon, en Portugal, l'Oncle de Sebastien. Or qui sçait si ce Cardinal eût été marié de bonne heure, il n'eût pas laissé de postérité masculine, & si elle ne régneroit pas en

pour l'Europe. 253

core aujourd'hui en Portugal ? Il y a eu quantité de Cardinaux de la Maison de Médicis, & par cette conduite la voilà préte à s'anéantir.

Si la Société Européenne eût été établie dés 1400. la punition des assassinats & des empoisonnemens eût été dés lors absolument inévitable, il ne fût point arrivé de Guerres depuis, de sorte que Albert d'Autriche premier du nom n'eût point été assassiné par son neveu. Albert II. Rodolphe son frére, Albert IV. n'auroient point été empoisonnés par ceux à qui ils faisoient la Guerre; Albert V. ne fût point mort de la maladie épidémique de son Armée, faisant la Guerre en Hongrie ; ainsi apparemment il resteroit encore présentement quelques réjettons de ces Princes. Si Ferdinand d'Autriche fils de Philippes III. Roi d'Espagne n'eût point été Cardinal, si Charles d'Autriche frére de l'Empereur Ferdinand second n'eût point été Evêque de Breslau, si Leopold-Guillaume d'Autriche qui vivoit en 1647. n'eût point été Evêque de Strasbourg, il y a apparence que la Maison d'Autriche ne seroit pas présentement réduite à une seule tête. Or comme les Souverains dans le Systême de la Paix auront une beaucoup moins grande dépense à soûtenir, ils n'auront pas besoin des Révenus Ecclésiastiques pour leurs enfans, & comme ils auront beaucoup plus d'autorité sur leurs Peuples ; ils pourront facilement en obtenir des subsides nouveaux pour les nouveaux Princes du Sang qui naîtroient, ce qui seroit bien juste, puisque les Peuples dévroient à la Maison de leur Souverain la perpétuité d'une Paix qui les enrichit. Or on voit que si ces pensions pour chaque Prince du Sang nouveau né étoient établies, la plûpart des Princes ne craindroient point de se marier de bonne heure : ils multiplieroient donc davantage ; ainsi la Maison Souveraine en dureroit bien plus longtems.

Or dans la maniére de penser ordinaire peut-on jamais offrir au Souverain le plus puissant un avantage aussi réel & aussi grand que cet affermissement éternel de leur Maison sur le Trône ? N'étoit-ce pas un avantage semblable que les Prophétes promettoient de la part du Très-Haut à David, à Salomon & aux autres Rois d'Israël, s'ils observoient, & s'ils faisoient observer exactement la justice? C'est que pour une Maison, il n'y a rien de si important que le Trône, & pour une Maison Royale, il n'y a rien de si important que sa durée dans la Royauté.

Cet avantage est d'autant plus considerable, qu'il est comme la baze de tous les autres, & en effet que serviroit à ce Souverain d'amasser pour sa postérité de grandes richesses, de bâtir pour elle de magnifiques Palais, de lui laisser par sa grande conduite & par sa grande capacité, l'Etat de l'Europe le plus grand, le plus peuplé, le mieux policé, le plus riche & le plus florissant qui ait jamais été, s'il n'a nulle sûreté que sa Maison ne sera pas bien-tôt bouleversée de fond en comble par le feu soûterrain de l'ambition, contre lequel toute la prévoyance humaine a été jusqu'à present inutile, & contre lequel il n'y a d'autre préservatif efficace, que la Société Européenne ?

Ce qu'il y a de terrible, soit pour les Monarchies, soit pour les Républiques, c'est que dans la situation présente de l'Europe, elles n'oseroient presque souhaiter de longues Tréves, parce que c'est ordinairement dans ces tems calmes où l'Etat ne craint rien du dehors que naissent les dissensions du dedans. Or qui ne sçait que les Guerres civiles sont encore plus pernicieuses aux Etats, que les Guerres étrangéres ? Tous inconvéniens terribles dont on seroit pour jamais délivré dans l'établissement *de la Société permanente.*

Qu'on me dise donc si le plus sage & le plus puissant Prince de l'Europe quand il y penseroit toute sa vie, peut jamais imaginer un moyen plus solide, que le Systême de cette Société, pour faire durer sa Maison, & pour la faire durer sur le Trône, malgré toute l'instabilité des choses humaines.

Je n'avois besoin, pour faire pancher la balance, & pour faire décider entre-signer & ne pas signer le Traité,

Traité, que d'un seul avantage, & même d'une valeur médiocre : car enfin si petit que soit un avantage dans un Traité que l'on nous offre à signer, pourvû qu'il soit réel & évident, il n'y a aucun homme sage à qui il ne suffise pour le déterminer à le signer. Que sera-ce donc si je présente au Souverain le plus puissant, non seulement un avantage médiocre, mais si aucun de ceux que je lui propose ne sont médiocres ? Que sera-ce, si parmi ceux-là il y en a plusieurs d'une valeur presqu'infinie ? Que sera-ce, si de quelque côté que l'on regarde ce Traité, tout en est avantageux, & si ce Souverain n'a rien à sacrifier de réel & de tant soit peu important, pour obtenir ces quinze immenses avantages ? Je le dis hautement : je défie qu'on me montre un seul avantage du côté du Systême de la Guerre ; & pourquoi le dis-je hardiment, c'est que j'en ai défié les esprits les plus féconds & les plus prévenus contre ce Projet, & pas un d'eux ne m'en a indiqué aucun qui ne disparoisse comme un fantôme au plus leger examen ? Mais quand on m'en indiqueroit quelqu'un, au moins me seroit-il permis d'en examiner, d'en péser la véritable valeur ? Alors j'espére qu'en le comparant avec un des quinze avantages pour la Paix, la simple comparaison suffiroit au Lecteur, pour juger que cet avantage solitaire ne pourroit jamais les contrebalancer tous ensemble. Ainsi je prétens que la démonstration qui résulte de la comparaison des divers côtez par lesquels on peut régarder ces deux Systêmes par rapport aux intérêts, aux motifs du plus puissant Souverain de l'Europe, est parvenuë au même degré d'évidence pour quelqu'un qui se connoît tant soit peu en politique, qu'une démonstration de Geométrie pour un Géométre.

Il est certain que les motifs propres à déterminer les plus puissans Souverains d'Europe à signer le Traité, sont la plûpart communs aux moins puissans & aux Républiques, & qu'ils suffiroient pour les déterminer au même parti : mais comme il y a encore des motifs qui leur font particuliers, il ne me reste plus qu'à les marquer en peu de mots.

MOTIFS PARTICULIERS *des Souverains moins puissans.*

1°. Dès que par le Systême de la Guerre, la porte est ouverte au plus fort pour assujettir le plus foible, le Prince le moins puissant ne sçauroit se soûtenir contre le plus puissant, que par les Alliances, des Confédérations qui le rendent au moins égal en force à ce plus fort. Mais j'ai démontré, ce me semble, qu'à moins de former une Société permanente de tous les Souverains d'Europe, il n'aura jamais sûreté suffisante de l'éxécution d'aucun Traité, & par conséquent d'aucun Traité de Confédération. Ainsi il n'y a pas à balancer pour sa conservation & pour la conservation de sa Maison sur le Trône, à préférer le Systême de la Société permanente au Systême de la division perpétuelle, la Paix à la Guerre.

2°. Si, par exemple, comme nous

avons démontré, il y a six degrez de vrai-semblance contre un à juger que dans le cours des siécles futurs le Roi de France sera plûtôt détrôné par quelqu'un des autres Rois d'Europe, qu'il ne les détrônera tous, parce que l'Etat de France ne peut être regardé que comme la sixiéme partie de la puissance d'Europe, il est manifeste qu'il y aura quarante-huit degrez de vrai-semblance contre un à juger que le Duc d. Savoye dans le cours des mêmes siécles sera plûtôt chassé de ses Etats par quelqu'un des autres Souverains, qu'il ne les chassera tous des leurs, parce que l'Etat de ce Duc n'étant égal en force qu'à la huitiéme partie de la France, ne peut être regardé que comme la quarante-huitiéme partie de la puissance de l'Europe. Il est donc visible que le Prince moins puissant a incomparablement plus à craindre d'être envahi par quelqu'un, qu'il n'a de sujet d'espérer d'envahir les autres. Ainsi le Systéme de la Paix lui ôte très-peu, en lui ôtant cette espérance, & lui donne beaucoup plus qu'aux plus puissfans, en le délivrant de cette crainte.

On peut donc juger avec quelque fondement que si ce Projet vient à la connoissance du Roi de Danemark, du Roi de Portugal, du Duc de Savoye, des autres Princes d'Italie, du Duc de Lorraine, des Electeurs, des autres Princes & Etats du Corps Germanique, il est comme impossible qu'ils ne fassent une confédération semblable avec les plus puissans, & qu'ils ne la proposent à tous les autres Potentats.

MOTIFS PARTICULIERS des Républiques.

1°. Les Républiques craignent encore plus de perdre de leur Territoire, qu'elles ne désirent de l'augmenter par la Guerre, c'est que la conquête est une voye d'acquerir fort chere : on achéte presque toûjours une conquête dix fois plus qu'elle ne vaut, à cause des grands frais de la Guerre : elles ont donc un motif, un intérêt encore plus grand, que n'ont les Monarques, de maintenir la Paix.

2°. Tenter d'avoir par la force quelque chose de plus, c'est risquer tout l'Etat : car quand le feu de la Guerre est une fois allumé, qui peut s'assûrer de mettre des bornes à l'embrazement ? Or peut-on présumer que des Gouvernemens aussi sages, se mettent volontairement sans une grande nécessité dans un semblable péril ?

3°. Dans les résolutions des Républiques, on a beaucoup d'égard aux intérêts des Sujets. C'est que ce sont les Sujets qui y décident de tout. Or le profit qui peut revenir d'une conquête à chaque Sujet est si petit, si éloigné, si incertain en comparaison des subsides qui sont grands, certains & présens ; les biens des Habitans des Frontiéres sont exposez à de si grands ravages ; les Négocians font de si grosses pertes par l'interruption du Commerce, qu'il n'est pas ordinaire que ces résolutions aillent plus loin qu'à conserver l'Etat & le Commerce en son entier. Or l'effet certain de la Société Européenne, ne sera-ce pas de conserver les Etats & leur Commerce en leur entier?

4°. Les Républiques ont encore plus à craindre les Schismes & les Divisions, que les Monarchies. Chacun y dit librement son avis sur les Affaires de l'Etat, & peut le soûtenir publiquement avec chaleur. Chacun est libre même de cabaler pour grossir son parti, & quand à la tête de chaque parti il se rencontre des esprits hauts, turbulens, séditieux, les partis croissent tous les jours, & il arrive que la diversité d'une opinion, qui dans les prémiers commencemens n'étoit, pour ainsi dire, qu'une legére égratignure, s'empoisonne peu à peu, & par divers accidens qui se succédent, elle dévient une playe très-sérieuse. Il n'en est pas de même dans les Etats Monarchiques. La crainte du châtiment empêche les Particuliers de dire publiquement leur avis, de le soûtenir avec chaleur, & personne n'ose cabaler même sourdement pour grossir son parti. Ainsi la diversité d'opinions n'y sçauroit causer de division, à moins que le Gouvernement ne soit fort affoibli, & que le Souverain ne néglige quelque tems de faire taire & de punir ceux dont il désapprouve les sentimens ; c'est que lui seul a la force à la main, au lieu que dans les Républiques la force est partagée entre ceux-mêmes qui sont divisez. Il y a donc toûjours des partis & même de grands partis tous formez dans les Républiques, particuliérement lorsqu'elles sont dévenuës si puissantes, que ces partis ne sont plus obligez de se réünir par la crainte d'une puissance étrangere.

La crainte que les Romains avoient de Carthage, de Pyrrhus, d'Antiochus, a long-tems garanti Rome des malheurs de la division. Dès que les Triomphes eurent fait disparoître cette crainte si salutaire; dès qu'elle cessa de réünir tous les esprits pour l'utilité publique & pour la conservation commune, on vit éclater les Partis, on vit naître les Guerres civiles les plus pernicieuses cent fois pour l'Etat, que les Guerres étrangéres. Il y eût eu un rémede & même un préservatif sûr

sûr contre cette terrible maladie, si la République eût eu alors une Société toute formée avec ses voisins, telle que nous la proposons pour entretenir la Paix au dedans & au dehors. Mais Rome s'étoit privée elle-même d'un si grand avantage, en se privant de ses voisins, & en s'élévant sur leurs ruïnes. Ainsi il arriva que l'élévation excéssive de cette fameuse République devint la cause nécessaire de sa chûte. Or comme dans le Systême de la Société Européenne, toutes les Républiques auroient sûreté suffisante contre cette espéce de maladie d'état, il est évident qu'elles ont un motif encore plus grand que les Monarques, de souhaiter l'établissement de cette Société.

5°. Dans le Systême de cette Union permanente, les Républiques auroient sûreté suffisante de l'exacte observation des articles du Commerce, & elles pourroient de même se promettre que leurs Marchands n'auroient plus à craindre de Bandits sur la Terre, ni leurs Vaisseaux, de Pirates sur la Mer. Or cet avantage leur feroit encore plus senfible qu'aux Souverains, qui ne font pas eux-mêmes le Commerce.

6º. Non-feulement ces intérêts font très-réels & très-grands, mais ils feront d'autant plus aifément apperçûs par les Républiques, que leurs Confeils font plus exemts des paffions paffagéres, que les Monarchies, & qu'ils vont par conféquent prefque toûjours plus droit à leur vrai & folide intérêt. En effet dans leurs Confeils les avis font fort fujets à être contredits, foit par le penchant naturel que les hommes ont à la contradiction, foit à caufe des jaloufies & des haines perfonnelles qui font inféparables de toutes Compagnies, foit à caufe des différentes maniéres de penfer de ceux qui opinent tous avec une liberté & une autorité égales. Or cette contradiction d'avis fait que tandis que les uns donnent trop à l'efpérance des bons fuccez, les autres donnent trop à la crainte des événemens fâcheux; que tandis que les uns propofent des moyens & des facilitez pour entreprendre, les autres ne songent qu'à faire envisager les difficultez & les obstacles de l'entreprise, que tandis que les uns font valoir ce qui peut exciter l'indignation & la colére des Délibérans contre les Souverains voisins, les autres sont attentifs à diminuer les torts de ces Souverains, & à faire valoir les avantages que l'Etat tire de leur voisinage par le Commerce; de sorte que les choses étant ainsi considérées par toutes leurs faces différentes, il en résulte que les passions ont moins de crédit dans ces Conseils, & par conséquent que le vrai intérêt de l'Etat y est plus ordinairement suivi que dans les Monarchies, où toutes les résolutions dépendent d'un seul esprit, qui pour l'ordinaire n'a pas dans son Conseil de contradicteurs à ses gages.

Il est vrai qu'il peut y avoir même dans les Etats Républicains des Ministres qui auroient un intérêt particulier de demeurer dans le Systême de la Guerre, & de donner sourdement l'exclusion au Projet de Paix perpétuelle. En ce cas ils doivent s'opposer à la publication de ce Mémoire dans leurs Etats : car s'il y dévient commun par l'impreſſion & par la traduction en Langue vulgaire, & que tout le monde en puiſſe parler, il eſt ſûr qu'alors aucun de ces Miniſtres ne ſeroit aſſez hardi, pour ſoûtenir contre tout le monde qu'il eſt de l'intérêt de la République de s'oppoſer à l'établiſſement de la Société permanente; ils n'oſeront pas même dire que l'éxécution en eſt impoſſible, s'ils n'en apportent de bonnes preuves : & où en pourroient-ils trouver de pareilles ?

Si par le Traité d'Union, m'a-t-on dit, le Commerce augmente en France, en Eſpagne, en Dannemark, en Portugal, & ailleurs, cette augmentation ne pourra ſe faire qu'au préjudice de l'Angleterre, & ſurtout de la Hollande, qui font aujourd'hui le plus grand Commerce du Monde : mais il eſt aiſé de répondre à cette objection, & de montrer que cette augmentation du Commerce des uns ne nuira en rien à l'augmentation du Commerce des autres; c'eſt qu'à la vérité le Commerce augmentera chez toutes les Nations; mais il y augmentera par tout proportionnellement; la Nation qui faisoit la douziéme partie du Commerce d'Europe, fera un plus grand Commerce; mais comme toutes les autres augmenteront le leur à proportion, elle ne fera alors que la même douziéme partie du Commerce : celle qui seule faisoit le tiers de ce Commerce, augmentera le sien, & continuera à faire encore le tiers du total. Ainsi les Nations qui ont chez elles le plus de moyens de faire le Commerce, continueront à avoir le plus de part au Commerce. Or comme il y aura toûjours chez les Anglois, & surtout chez les Hollandois, *tant qu'ils voudront*, beaucoup plus de ces moyens, que chez les autres Nations, ils pourront, *tant qu'ils voudront*, conserver sur elles la même supériorité qu'ils ont toûjours euë jusques ici dans le Commerce, & quand ils cesseront de le *vouloir*, les autres Nations ne leur feront pas tort alors de ramasser ce qu'ils ne se souciéront plus de récueillir.

A cette occasion on peut voir ici en abrégé les principaux moyens propres pour faire fleurir le Commerce que les Hollandois ont au dessus des autres Peuples.

1°. Ils ont beaucoup de Ports pour le Commerce du dehors.

2°. Leur Païs est fort coupé de Canaux, ce qui facilite infiniment le Commerce du dedans.

3°. Ils sont en République; ainsi les Réglemens du Commerce se font & s'éxécutent par l'autorité des Ministres qui sont intéréssez non-seulement à les faire très-utiles, mais ce qui est de plus important, ils sont très-intéréssez à les faire observer par tout & toûjours avec la plus grande exactitude, surtout quand l'Etat a soin de choisir ses principaux Ministres parmi les Négocians, ou parmi ceux qui ont leurs fonds entre les mains des Négocians.

4°. Ils ont peu de ces honnêtes fainéans, qu'on appelle Nobles en Espagne : ils n'attachent que peu de considération à la Naissance ; la grande considération vient des Emplois Publics & des grandes richesfes. Ainsi chacun est là plus invité qu'ailleurs, à épargner, à commercer, moyens les plus sûrs & les plus innocens de s'enrichir.

5°. Les Charges n'y sont point vénales ; ainsi le Marchand pour acquerir de la consideration, n'est point obligé de quitter le Commerce, pour acheter le droit de juger : s'il acquiert la réputation de capacité, de probité, il acquiert en même-tems ce droit de juger ses Concitoyens ; ainsi le Marchand fils succéde à son pere Marchand, sans aucune vûë, que de mériter une bonne réputation, & de rendre son Commerce encore plus facile & plus lucratif, qu'il ne l'a reçû de son pere.

6°. Leur climat est froid, & par conséquent plus propre au travail ; aussi loin de se piquer de ne rien faire, c'est à qui se montrera le plus laborieux.

7°. Il n'y a point, comme dans les Monarchies, de ces Dignitez d'éclat qui puissent les tenter de quitter leur Commerce & leur travail ; l'espérance de la faveur n'y change aucun Marchand ferme, grossier, vrai, utile à la République, en un Courtisan pliant, poli, complaisant, agréable au Prince, & peu utile à l'Etat.

8°. Ils dépensent moins en habits, en meubles, en Equipages; ainsi ils ont un plus grand fond à mettre dans leur Commerce.

9°. La tolérance qu'ils ont en matiére de Réligion, y est excéssive; mais cet excez d'indulgence attire, & rétient chez eux quantité de Sujets, qui se trouvant contrains ailleurs, vont chercher le Païs où il y a plus de liberté, & y apportent leurs Marchandises, leur argent, & leur industrie : les Hollandois ne chassent personne de ceux qui sont soûmis aux Loix de la Société, & réçoivent volontiers tous ceux qui veulent s'y soûmettre.

10°. Voici les points les plus importans. Ils ont dans tous les Païs du Monde beaucoup plus d'établissemens de Commerce, & de plus considérables, qu'aucune autre Nation; ainsi il leur sera beaucoup plus facile, en conservant & augmentant ces établissemens, de trouver les bons marchez, & par conséquent de vendre toûjours à meilleur marché, que les autres Nations.

11º. Ils sont bien plus instruits de la Navigation, & ils peuvent par conséquent s'instruire encore plus facilement de ce qu'ils ignorent, & précéder toûjours de ce côté-là les autres Peuples.

12º. Ils sont les plus grands Fabricateurs de Vaisseaux; la Hollande est proprement l'Attelier universel de toutes sortes de Vaisseaux; ainsi ils peuvent, & les faire mieux pour chaque usage, & pour chaque sorte de Commerce, & les donner à un quart de meilleur marché, que les autres Peuples.

13º. Les Matélots y vivent à meilleur marché; ainsi leurs Maîtres peuvent vendre à profit, & à meilleur marché, & s'attirer ainsi le plus grand débit de leurs Marchandises.

14º. Ils ont plus d'adresse à naviguer: cela fait qu'ils ont besoin de moins de monde sur leurs Vaisseaux: voilà encore une raison pour pouvoir vendre à profit & à meilleur marché que les autres. Or on sçait que le sécret pour s'attirer le plus grand Commerce, c'est de pouvoir donner, & de donner en effet à meilleur marché que personne.

Au reste, tant qu'ils donneront à meilleur marché, qu'aucun autre Peuple, on ne doit pas leur porter de jalousie ; ils reçoivent le salaire de leur travail, de leur industrie, de leur épargne, de leurs avances ; qu'y a-t-il de plus équitable ? Ils ne font jusques-là aucun tort aux autres ; mais si parce qu'ils sont en possession de la moitié du commerce Maritime, ils vouloient pour s'en prévaloir, cesser de donner à meilleur marché que les autres, ils cesséroient bien-tôt d'avoir la supériorité de ce Commerce ; & c'est ce grand avantage de bon marché qu'opérera toûjours en faveur de tous les Peuples la Société Européenne, en leur procurant un Commerce perpétuel, libre, sûr, égal, pour les conditions, & universel. Ils seront sûrs d'avoir tout au meilleur marché, qu'ils puissent l'avoir ; & tant que la Nation Hollandoise sera la plus laborieuse, la plus induſtrieuſe, la plus équitable, tant qu'elle aura plus d'avantage du côté de ſes Loix & de ſes Etabliſſemens, tant qu'avec le ſecours de ſes épargnes, elle voiturera, & donnera à meilleur marché, elle aura certainement toûjours la même ſupériorité dans le Commerce, qu'elle a préſentement, & elle l'aura ſans faire tort à perſonne, & ſans que perſonne puiſſe jamais s'en plaindre, puiſqu'elle ne profitera, qu'à méſure qu'elle ſera utile & commode aux autres Nations.

En un mot, il n'y a que deux partis en fait de Commerce, *interruption fréquente*, c'eſt le Syſtême de la Guerre que l'on ſuit préſentement, ou *continuation inaltérable*, c'eſt le Syſtême de la Paix que je propoſe de ſuivre. Or oſeroit-on entreprendre avec une vaine ſubtilité de perſuader aux Etats Républicains, & ſurtout au bon ſens Hollandois, de préférer *l'interruption fréquente à la continuation inaltérable* ?

On peut donc juger avec quelque fondement que ſi ce Projet vient à la connoiſſance des Anglois, des

Hollandois, de Vénitiens, des Génois, des Polonois, & des autres Etats Républicains d'Europe, il est comme impossible qu'ils ne fassent un jour entr'eux, & ensuite avec les Princes moins puissans, & peu à peu avec tous les Potentats de l'Europe, une confédération semblable.

Ces avantages étant si grands, si évidens, est-il nécessaire d'être si sage, si raisonnable, pour se déterminer à signer un Traité, qui, de quelque côté qu'on le régarde, est si avantageux à toutes les parties ? Est-il nécessaire d'avoir un esprit si sublime, une raison exemte de passions ? Au contraire ce Systême n'est-il pas conforme aux passions les plus communes ? Les grandes craintes, les grandes espérances, & les mieux fondées ne sont-elles pas toutes pour nous ? Je ne suppose point un Souverain parfait ; mais s'il est parfait, à la bonne heure : l'amour du bien public, le zéle pour la justice le mettent de nôtre côté : s'il n'est pas parfait, s'il est même injuste, pourvû qu'il désire d'augmenter ſes révenus, pourvû qu'il ſouhaite de faire durer long-tems ſa Maiſon ſur le Trône, il eſt encore pour nous : qu'il aime la belle gloire, il ſongera à être le Bienfaicteur de ſes Peuples, & de toutes les Nations, & non pas le fleau du genre humain : qu'il aime la magnificence des Meubles, des Bâtimens, des Equipages, il eſt également pour nous ; s'il eſt dévoüé à la vertu, s'il eſt livré aux plaiſirs, il eſt encore pour nous : ce Syſtême a dequoi contenter tous les caractéres, & ſans Paix aucun de ces caractéres ne ſçauroit jamais être, à beaucoup près, ſi content.

Qu'on ne nous diſe donc plus qu'il eſt impoſſible de rétrouver les *motifs* qui déterminérent les Allemans à former la Société Germanique : qu'on ne nous diſe donc plus qu'il eſt impoſſible de rétrouver les *motifs* qui déterminérent Henry le Grand, la Reine Elizabeth, & ſeize ou dix-ſept autres Potentats du ſiécle paſſé, à ſouhaiter de former la Société Européenne ; les voilà heureuſement tous rétrouvez : mais ſi l'on veut nous dire quelque chose, qu'on nous dise présentement en quoi ces motifs ne sont pas suffisans, pour déterminer les Souverains de nôtre siécle à préférer le Systême de la Paix.

Il me semble donc que je suis présentement en état de conclure, *que si la Société Européenne, que l'on propose, peut procurer à tous les Souverains Chrêtiens sûreté suffisante de la perpétuité de la Paix au dedans & au dehors de leurs Etats, il n'y a aucun d'eux pour qui il n'y ait beaucoup plus d'avantages à signer le Traité pour l'établissement de cette Société, qu'à ne le pas signer :* & c'est la proposition que je m'étois proposé de démontrer dans ce Discours.

Or la Société Européenne, que l'on propose, pourra procurer à tous les Souverains Chrêtiens sûreté suffisante de la pérpétuité de la Paix au dedans & au dehors de leurs Etats : c'est la proposition que je me propose de démontrer dans le Discours suivant.

PROJET DE PAIX PERPETUELLE, POUR L'EUROPE.

QUATRIE'ME DISCOURS.
PROPOSITION A DE'MONTRER.

La Société Européenne telle que l'on va la proposer, procurera à tous les Souverains Chrétiens sûreté suffisante de la perpétuité de la Paix au dedans & au dehors de leurs Etats.

Nous avons montré que pour établir une Société, il suffit que les Parties donnent leur consentement aux articles du Traité. Ainsi la Société Européenne sera commencée du moment que deux Souverains en auront signé le Traité, & elle sera toute formée, lorsque tous les autres Souverains Chrétiens, à quelque distance de tems les uns des autres, l'auront signé. Nous avons aussi montré qu'ils avoient incomparablement plus de motifs pour signer, que pour ne pas signer. Il ne me reste plus qu'à indiquer les douze Articles fondamentaux de ce Traité, & à faire sentir en même-tems au Lecteur, qu'ils sont *suffisans* pour rendre la Société Européenne inaltérable, & que la Paix & tous les avantages infinis qu'elle produira nécessairement aux Souverains, dureront autant que la Société même.

J'espére que le Lecteur ne trouvera pas mauvais qu'après lui avoir fait sentir suffisamment la nécessité & l'importance de chaque convention particuliére, pour rendre l'Union plus durable, je rédige ensuite cette convention en forme d'article; aussi-bien ceux qui seront char-
gez

gez de composer le Projet du Traité seroient ils obligez de le réduire eux-mêmes en divers articles. Ainsi c'est un travail que je leur épargne; je leur présente un canevas tout fait, sur lequel il leur sera bien plus facile de composer les leur, en ajoûtant, en rétranchant ce qu'ils jugeront à propos, ou même quelquefois sans rien ajoûter, ni rien rétrancher, mais seulement en changeant les expréssions, & rangeant chaque article dans un ordre différent. Ceux qui sçavent ce que c'est que cette sorte de travail, sçavent bien qu'un canevas même assez informe épargne toûjours beaucoup de peine, & donne beaucoup de facilité à l'esprit de celui qui l'examine, soit pour appercevoir ce qui y manque, soit pour rémarquer ce qu'il peut y avoir de trop.

※※

Il me paroît convenable & même nécessaire pour la tranquillité & pour la sûreté de la Société en général, & de chacun des Membres en particulier de laisser au Czar la liberté d'entrer dans l'Union. Ainsi je compte sa voix pour une des vingt-quatre. Je sçai bien que le Christianisme de ses Etats est fort différent du nôtre, mais ils espèrent le Salut par Jesus-Christ ; ainsi ils sont Chrétiens. Je sçai bien qu'absolument parlant les autres Souverains Chrétiens pourroient se passer de son suffrage, mais la Société Européenne ne pourroit pas se passer aisément de faire avec lui un Traité de Commerce & de Paix perpétuelle, une Alliance offensive & défensive, & de prendre sur cela toutes les sûretez possibles, afin d'épargner la dépense nécessaire pour se tenir sur ses gardes contre lui : mais à dire la vérité, ce Traité sera plus sûr, & pour lui, & pour l'Union entiére, quand il aura sa voix au Congrez, & qu'il sera regardé comme Membre de l'Union. Je vais plus loin : c'est que s'il ne vouloit, ni entrer dans la Société, ni faire avec elle un Traité de Paix perpétuelle, ni payer son Contingent pour le maintien de la Paix & des Chambres de Commerce, ni donner toutes les mêmes sûretez que les autres Membres se donnent réciproquement, il faudroit le traiter d'ennemi de la Paix de l'Europe, & de perturbateur du repos public, jusqu'à ce qu'il eût signé ; mais quand tous les autres seront entré dans l'Union, il ne se fera pas prier d'y entrer lui-même après eux.

A l'égard des Mahometans voisins de l'Europe, les Tartares, les Turcs, les Tunisiens, les Tripolins, les Algériens & les Maroquins, on m'a dit qu'il ne seroit guére dans la bienséance de leur donner voix au Congrez : peut-être même ne l'accepteroient-ils pas ? Mais *l'Union*, pour entretenir la Paix & le Commerce avec eux, & s'exemter de se tenir armée contr'eux, pourroit faire un Traité avec eux, prendre toutes les mêmes sûretez, & leur accorder chacun un Résident à la Ville de Paix. S'ils refusoient un pareil Traité, l'Union pourroit alors les déclarer ses ennemis, & les obliger par force à donner sûreté suffisante de la conservation de la Paix. Il seroit facile aussi d'obtenir plusieurs articles en faveur des Chrétiens leurs Sujets.

Entre les articles dont les Souverains peuvent convenir pour former la Société Européenne, il me semble qu'il y en a de deux sortes; les uns *fondamentaux*, où chacun soit sûr qu'il ne se fera jamais aucun changement, s'il n'y consent lui-même, & d'autres qui sont *importans*, pour parvenir à cette sûreté suffisante de la conservation de la Paix. Pour ceux-ci on y pourra toûjours faire les changemens convenables aux trois quarts des voix.

ARTICLES FONDAMENTAUX.

ARTICLE I.

Les Souverains présens par leurs Députez soussignez sont convenus des articles suivans. Il y aura dés ce jour à l'avenir une Société, une Union permanente & perpétuelle entre les Souverains soussignez, & s'il est possible entre tous les Souverains Chrétiens, dans le dessein de rendre la Paix inaltérable en Europe, & dans cette vûë l'Union fera, s'il est possible, avec les Souverains Mahometans ses voisins des Traitez de Ligue offensive & défensive, pour maintenir chacun en Paix dans les bornes de son Territoire, en prenant d'eux, & leur donnant toutes les sûretez possibles réciproques.

Les Souverains seront perpétuellement representé par leurs Députez dans un Congrez ou Sénat perpétuel dans une Ville libre.

ECLAIRCISSEMENT.

1°. Il est permis aux Princes moins puissans, pour augmenter leur sûreté, de désirer d'augmenter le nombre de ceux qui doivent avec eux avoir Ligue offensive & défensive pour conserver la Paix, & il sera très-glorieux au Prince le plus puissant, d'offrir de conspirer à cette augmentation de sûreté.

2°. Les Turcs & les Moscovites unis avec un Membre de la Société, pourroient embarasser le reste de l'Europe, & en troubler le repos, au lieu qu'étant tous, ou Membres, ou Alliez de l'Union, & joüissans par conséquent des avantages immenses d'une Paix perpétuelle, il faudroit qu'ils devinssent tous trois insensez en même-tems, pour quitter des biens aussi réels, afin de n'embrasser qu'une chimére. Or que trois Souverains déviennent fous en même-tems de la même folie, cela se peut absolument parlant, mais cela n'est guéres à craindre.

3°. Tant que ces Puissances demeureroient en armes, ou en pouvoir d'armer, elles obligeroient l'Union à une très-grande dépense, pour se tenir sur ses gardes.

4°. Le Commerce de la Méditerranée est très-important aux Chrétiens; ainsi il leur est très-important de prendre sur cela des *suretez suffisantes*, soit avec le Grand Seigneur, soit contre les Pirates d'Afrique.

C'est trop embrasser (m'a-t-on dit) que de viser d'unir tant de Potentats en même-tems. Il est vrai que je vise à les unir, mais non pas à les unir tous en même-tems. Que deux signent d'abord l'Union, est-ce trop embrasser ? Que ces deux offrent le Traité à un troisiéme, & puis tous ensemble à un quatriéme, est-il donc impossible? Et ainsi tous pourront le signer les uns à la suite des autres, & de proche en proche. Or si je demande que la Societé soit grande, c'est que j'ai prouvé ailleurs qu'à moins qu'elle ne soit fort grande, elle ne sçauroit être inaltérable.

Ce qui est de plus important à un Souverain, c'est de pouvoir gouverner ses Etats avec plus de facilité, c'est-à-dire, avec plus d'autorité ; de sorte qu'en augmentant le bonheur de ses Sujets, il puisse augmenter le sien propre. Pour cela, il a besoin d'être sûr non-seulement que l'Union ne lui fera sur cela aucun obstacle, mais même qu'elle l'aidera par son sécours à soûmettre les esprits rébelles, & à faire les établissemens qu'il jugera être convenables à sa propre utilité & à celle de ses Peuples ; de sorte que l'Union ne se mêle jamais de juger de la conduite du Souverain, mais seulement d'en appuyer toûjours la volonté. Or les Souverains s'accorderont d'autant plus volontiers réciproquement cet article, qu'ils ont plus d'intérêt à augmenter leur autorité sur leurs Sujets. Chaque Souverain aura d'autant plus de sûreté que le Corps de l'Union observera toûjours exactement cet article, que les Etats Monarchiques composeront les deux tiers des voix de l'Union, & d'ailleurs les Etats Républiquains n'ont nul intérêt de s'opposer à cette augmentation d'autorité : car si d'un côté ils ont à craindre que plusieurs Princes très-sages qui se succederoient, ne rendissent leur gouvernement si aimable, que les Sujets mêmes des Républiques allassent s'établir dans cette Monarchie, de l'autre ils ont encore plus à espérer que plusieurs Princes mal habiles gâteront tellement le même Etat par leurs Gouvernemens odieux, que plusieurs Sujets de ces Monarques se transplanteront avec leurs richesses & leurs talens dans les Etats Républiquains.

L'Etat Monarchique a un avantage : c'est qu'en trente ans il peut atteindre à un dégré de perfection dans ses établissemens, où une République ne sçauroit atteindre qu'en cent

cent cinquante ans, & cela vient de deux sources ; la premiére, de ce que le Monarque doit avoir presque tout l'honneur d'une grande entreprise, d'un grand établissement, d'une belle Police, & c'est un grand ressort pour le faire agir avec force & avec constance. La seconde, de ce que les avis du Monarque ne sont jamais contredits, ni dans la résolution, ni dans l'éxécution ; au lieu que dans les Républiques l'honneur d'une entreprise est partagé à tant de Membres, que ce ressort devient fort foible pour chacun, & d'ailleurs un avis quelque bon, quelque utile qu'il soit, est sujet à être contredit avec autorité, soit dans la résolution, soit dans l'éxécution, & la contradiction en arrête tout court tous les bons effets; mais aussi l'Etat Républiquain a un avantage : c'est que lorsqu'un bon établissement y est une fois bien formé, il y est bien plus durable que dans les Monarchies.

A l'égard des Républiques, nous avons déja remarqué que, comme elles sont bien plus sujettes à la maladie de la division & des Partis, aussi ont-elles un fort grand intérêt d'avoir une sûreté que cette maladie, ou n'arrivera point, ou du moins qu'elle ne sera jamais portée à l'extrémité, c'est-à dire, jusqu'à la voye des armes. Or il y a un préservatif sûr : c'est qu'il y ait une Loi dans chaque République, dont l'Union soit garante, qu'il sera défendu sur peine de la vie, & aux Magistrats, de faire marcher des Troupes contre d'autres Magistrats ; & aux Officiers, de faire marcher les Troupes en ces occasions, & que l'Union de l'autre côté s'engage à faire marcher ses Troupes & ses Commissaires, tant pour empêcher le désordre, que pour le rétablir, s'il étoit déja arrivé.

Article II.

La Société Européenne ne se mêlera point du Gouvernement de chaque Etat, si ce n'est pour en conserver la forme fondamentale, & pour donner un prompt & suffisant secours aux Princes dans les Monar-

chies, & aux Magiſtrats dans les Républiques, contre les Séditieux &
les Rébelles. Ainſi elle garantira que
les Souverainetez héréditaires demeureront héréditaires de la maniére & ſelon l'uſage de chaque Nation;
que les électives demeureront de
même électives dans les Païs où l'é-
lection eſt en uſage ; que parmi les
Nations où il y a des Capitulations,
ou bien des Conventions qu'on appelle *Pacta conventa*, ces ſortes de
Traitez ſeront exactement obſevez,
& que ceux qui dans les Monarchies auroient pris les armes contre
le Prince, ou qui dans les Républiques les auroient priſes contre quelques-uns des prémiers Magiſtrats,
ſeront punis de mort, avec confiſ-
cation de biens.

ECLAIRCISSEMENT.

Le principal effet de l'Union eſt de
conſerver toutes choſes en repos en
l'état qu'elle les trouve, & comme
ce ſont les Souverains eux-mêmes,
qui, par l'organe de leurs Députez,
y décident de tout, ils ne peuvent

craindre cette Assemblée, qu'autant que chaque Souverain peut se craindre lui-même.

Je sçai bien qu'il est impossible, surtout dans les Républiques, qu'il ne naisse des disputes de Réligion, & que comme on ne dispute jamais que sur des matiéres obscures, il est impossible que l'évidence mette les deux Partis d'accord ; mais il est possible, il est même facile aux Magistrats d'empêcher que ces disputes n'en viennent jusqu'à troubler le répos de l'Etat. Il suffit dans les commencemens d'imposer silence à tout le monde, & d'éxiler ou d'enfermer ceux qui auroient ou parlé, ou prêché, ou écrit, ou imprimé depuis la défense. Le tems découvre la vérité : il n'est donc question, en attendant qu'elle se montre à tous, avec évidence, que de faire éviter aux Sujets les divisions & les autres maux que peut leur causer l'obscurité ; & voilà ce que fera infailliblement dans tous les Etats de l'Europe la prudence & d'autorité de l'Union.

Pour entretenir la Société, ce n'est

pas une nécessité que les Citoyens soient tous de même sentiment sur des matiéres obscures, & loin que cela soit en leur pouvoir, l'uniformité de sentiment en pareilles occasions est comme impossible: mais l'unique fondement de la Société, c'est la Paix entre les Citoyens. Ainsi c'est une nécessité que chaque Citoyen, pour conserver la Société, pratique la charité & l'indulgence envers ceux mêmes qu'il croit dans l'erreur. Voilà ce qui est toûjours, non-seulement au pouvoir du Citoyen, mais c'est encore le prémier & le plus indispensable de ses devoirs.

Un avantage très-considérable que les Maisons Souveraines n'ont jusqu'ici jamais pû trouver, c'est de s'assûrer une protection vive, toute-puissante & perpétuelle dans les Régences & dans tous les autres tems de foiblesse.

Article III.

L'Union employera toutes ses

forces & tous ses soins pour empêcher que pendant les Régences, les Minoritez, les Régnes foibles de chaque Etat, il ne soit fait aucun préjudice au Souverain, ni en sa personne, ni en ses droits, soit par ses Sujets, soit par les Etrangers ; & s'il arrivoit quelque Sédition, Révolte, Conspiration, soupçon de poison, ou autre violence contre le Prince, ou contre la Maison Souveraine, l'Union, comme sa Tutrice & comme sa Protectrice née, envoyera dans cet Etat des Commissaires exprès pour être par eux informez de la vérité des faits, & en même-tems des Troupes pour punir les Coupables selon toute la rigueur des Loix.

ECLAIRCISSEMENT.

Il est bien sûr que cet article s'exécutera ponctuellement, puisqu'il ne manquera aux Princes unis, ni le pouvoir, ni la volonté. A l'égard du pouvoir, la chose est évidente. A l'égard de la volonté, cela n'est pas moins évident, puisqu'ils n'ont pas de plus grand intérêt, que d'éclaircir avec tout le soin possible des crimes qui ont tant fait périr de Princes, & anéanti de Maisons Souveraines, des crimes qui les regardent de si près, & de faire punir les Coupables avec toute la sévérité imaginable, afin de mettre par ces punitions éclatantes leurs Maisons à couvert de semblables malheurs.

Pour conserver la Paix, il faut, autant qu'il est possible, rétrancher les sujets de Guerre. Or l'agrandissement de Territoire est un des principaux sujets ; c'est qu'il ne se peut faire qu'aux dépens des voisins. Ainsi la premiére baze est que chacun se contente du sien, & qu'aucun ne régarde comme *sien* que ce qu'il posséde actuellement. Or comme tout ce qu'ils ne possédent pas actuellement se peut appeller espérances, prétentions, il est absolument nécessaire qu'en se contentant de ce qu'ils possédent actuellement de Territoire, ils se cédent & s'abandonnent mutuellement toutes les prétentions, toutes les espérances qu'ils pourroient avoir sur tout ou partie du Territoire les uns des autres.

Un des points principaux pour la sûreté commune de l'Europe, est qu'aucune Maison Souveraine ne puisse posséder plus de Souverainetez qu'elle en a actuellement, & qu'elle rénonce à rien acquerir par voye de Succession ou de Pacte fait avec d'autres Maisons Souveraines, pour se succéder les unes aux autres, au défaut de mâles.

C'est que d'un côté si on laissoit la porte ouverte aux Souverains pour agrandir leur Territoire par Successions, Pactes de Maisons différentes, Elections ou autrement, il est évident que la Maison d'Autriche, par exemple, pourroit avoir un jour en sa possession toutes les Souverainetez féminines d'Europe, comme Espagne, Angleterre, Suéde & autres, & que les Chefs de cette Maison pourroient encore posséder les Souverainetez électives, comme Pologne, &c. Or on sent assez que cette Maison seroit alors trop puissante par rapport au reste de l'Union ; & de l'autre, il feroit très-injuste de donner aux Maisons moins puissantes un droit de succéder que l'on réfuséroit aux plus puissantes.

Article IV.

Chaque Souverain se contentera pour lui & pour ses Successeurs du Territoire qu'il posséde actuellement, ou qu'il doit posséder par le Traité ci-joint. (1)

Toutes les Souverainetez d'Europe démeureront toûjours en l'état où elles sont, & auront toûjours les mêmes limites qu'elles ont présentement. Ainsi aucun Territoire ne pourra être démembré d'aucune Souveraineté, & aucun autre n'y pourra être ajoûté par Succession, (2) Pacte de Maisons différentes, Election, Donation, Cession, Vente, Conquête, Soûmission volontaire des Sujets, ou autrement.

Aucun Souverain, ni aucun Membre de Maison Souveraine ne pourra être Souverain d'aucun Etat, que de celui, ou de ceux qui sont actuellement dans sa Maison.

Les Souverains, qui, par leurs Députez, vont signer ce Traité, & ceux qui par leurs Députez le signeront dans la suite, seront censez par cette signature en considération des avantages qu'ils en doivent tous retirer, s'être mutuellement cedé & abandonné pour eux & pour leurs Successeurs, tous les droits & toutes les prétentions qu'ils peuvent avoir les uns contre les autres, & particuliérement sur le Territoire les uns des autres, sous quelque titre que ce puisse être, de quelque nature qu'elles soient ; de sorte qu'ils demeureront tous quittes les uns envers les autres, non-seulement envers les Souverains qui vont signer ce Traité, mais encore envers ceux qui le signeront dans la suite, & ceux-ci en signant demeureront réciproquement quittes, soit envers ceux qui auront déja signé, soit envers ceux qui resteront à signer. (3)

Les rentes que doivent les Souverains aux particuliers d'un autre Etat, seront payées, comme par le passé. (4)

pour l'Europe.

Aucun Souverain ne prendra le titre de Seigneur d'aucun Païs, dont il ne fera point en actuelle possession, ou dont la possession ne lui sera point promise par le Traité ci-joint.

Le Souverains ne pourront entr'eux faire d'échange d'aucun Territoire, ni signer aucun Traité entr'eux que du consentement, & sous la garantie de l'Union aux trois quarts des vingt-quatre voix, & l'Union demeurera garante de l'exécution des promesses réciproques. (5)

ECLAIRCISSEMENT.

(1) Il faut un point fixe pour borner le *mien* & le *tien*. Or en fait de Territoire, la *possession actuelle* est un point très-visible ; car enfin tout ce qui vaut la peine d'être possédé, a des marques évidentes de *possession actuelle* : un Bourg, un Village réconnoissent quelque Juge, & ce Juge est appuyé du pouvoir de quelque Souverain : la Souveraineté, la possession en est donc constante ; ainsi on peut dire qu'en fait de pos-

session, ce qui n'est point constant, n'est rien d'important : il peut bien y avoir quelque incertitude sur la possession actuelle de quelque Montagne inculte, de quelque Désert aride, de quelque Isle inhabitée, de quelque Forêt inutile à cause de son éloignement, de quelques Cabanes de malheureux Sauvages dispersées çà & là dans des Marais, dans des Forêts, ou au bord des Mers ; mais seroit-ce là un sujet de dispute entre deux Souverains ? Or les choses même de peu d'importance, qui sont contentieuses, sont censées toutes décidées, dès que les Prétendans ont donné tout pouvoir à des Arbitres de décider sur le total, & de poser des limites sur le partage. Or on va voir un Article ci-après, qui établit pour Arbitre perpétuel le Corps de l'Union.

Si j'ai ajoûté ces termes dans l'Article, *ou qu'il doit posséder par le Traité cy-joint*, c'est que j'ai supposé que les Souverains qui seroient en Guerre, pourroient peut-être conclure la Paix, en vûë de l'établissement de la Société Européenne, pour avoir à l'avenir sûreté suffisante d'une Paix perpétuelle, & que quelques Potentats promettroient de rendre quelques Places, quelque Territoire après cét établissement formé. Or en ce cas il a fallu distinguer la *possession actuelle* de la *possession promise*, & leur donner à toutes deux égale force, égale autorité.

Mais si le Traité de Société Européenne ne se fait qu'au milieu même de la Paix, & lorsque toutes les possessions promises sont devenuës possessions actuelles, il ne faudra point parler du *Traité ci-joint*, il suffira d'employer le terme de *possession actuelle*.

(2) Il est impraticable de faire une Loi entre Souverains, à moins qu'elle ne soit égale pour chacun d'eux; & même comme ce doivent être eux seuls, qui par leur consentement unanime peuvent faire une Loi, où ils soient tous assujettis: ils n'y consentiroient pas, si dans cette Loi qu'ils veulent bien s'imposer pour l'utilité & la sûreté commune, les uns étoient plus maltraitez que les autres, c'est-à-dire, si

la Loi n'étoit pas égale pour tous.

Or nous avons vû que pour la sûreté de l'Europe, il étoit abfolument néceffaire d'empêcher que les Maifons déja très-puiffantes ne puffent encore s'agrandir, & agrandir leurs Etats par voye de fucceffion. Il eft donc vifible que fi les Souverains moins puiffans trouvent qu'il faut pour leur propre sûreté empêcher l'agrandiffement des plus puiffans par fucceffion, ils doivent donner l'exemple, & rénoncer eux-mêmes les premiers à cette voye d'agrandiffement : quand la Loi eft égale, perfonne n'a à s'en plaindre; & lorfque chacun en tire une grande utilité, chacun n'a qu'à s'en loüer. Or qui ne voit que mettre des bornes immuables aux Souverainetez, pour les empêcher de s'acroître en Territoire, eft la baze de la sûreté de toutes les Nations d'Europe, & de la durée des Maifons Souveraines elles-mêmes ? Il y a encore une raifon de sûreté pour l'Union, c'eft que vingt-quatre voix, dont le Senat fera formé, ne font pas un trop grand nombre pour embarasser les délibérations, & si le nombre étoit moindre que vingt-quatre, il seroit plus facile d'y former des cabales contre l'utilité commune : or si dans la suite des siécles plusieurs Souverainetez se réünissoient sous un seul Chef, le nombre des voix pourroit dévenir trop petit, & par conséquent trop sujet aux cabales & aux factions.

Au reste, je soûtiens que ni le plus puissant, ni le moins puissant, ne perdent que très-peu à faire cette rénonciation, & qu'ils y gagnent beaucoup en s'assurant une Paix, une sécurité perpétuelle. A l'égard du plus puissant, tel qu'est le Roi de France, si ses voisins sont aujourd'hui si alarmez de sa grande puissance en l'état qu'elle est, qu'ils prennent exprès les armes pour l'affoiblir ; s'ils sont d'autant plus unis, qu'ils la rédoutent davantage, n'est-il pas évident qu'ils s'uniroient encore plus, & encore en plus grand nombre pour l'empêcher de s'agrandir du côté du Territoire, par aucune succession, donation, ou autrement ? Et qu'on ne dise point que les voisins ne seroient pas en droit de s'opposer à cet agrandissement : les droits d'Etat à Etat ne sont pas les mêmes que les droits de particulier à particulier d'un même Etat, qui sont soumis à des Loix, & qui étant également protegez par la puissance de leur Etat, n'ont nul intérêt pour leur propre sûreté, d'empêcher qu'un voisin ne s'agrandisse, au lieu que la principale Loi d'un Etat, son principal droit, est de pouvoir faire, & de faire en effet tout ce qui est nécessaire pour sa propre conservation, surtout s'il le peut, sans détruire son voisin. Or il est sensible qu'il peut y avoir tel agrandissement d'un Souverain déja puissant, qui seroit très-dangereux pour la conservation des Etats voisins. Ainsi quand le Roi de France abandonnera pour toûjours le droit de succéder à tout ou partie d'une Souveraineté, il n'abandonnera rien de réel, puisqu'il trouveroit dans tous les siécles une opposition invincible de la part de ses voisins, soit pour prendre possession de ce qui lui seroit échû, soit pour le le conferver: on peut dire la même chofe de la maniére de s'agrandir par les Pactes de Maifons différentes; les voifins ne lui permettroient jamais de mettre ces Pactes à éxécution.

A l'égard des moins puiffans, outre la confidération des grands avantages qu'ils tireront de l'inaltérabilité de l'Union, il y a encore une autre confidération qui peut aider à les détacher du défir de conferver le droit de fuccéder aux Souverainetez féminines, & aux autres Souverainetez, par des Pactes entre Maifons différentes; c'eft que les Souverains donnent bien plus volontiers leurs filles en mariage aux Souverains les plus puiffans, qu'aux moins puiffans; ainfi les moins puiffans perdent moins que les autres à cette rénonciation. Il en eft de même des Pactes pour fuccéder de Maifon à Maifon, il eft certain que le Souverain qui voudra en faire un pareil, choifira bien plûtôt de contracter avec un Souverain plus puiffant que lui, qu'avec un moins puiffant.

D'ailleurs il n'y a rien qui cause tant de contestations, que les successions : or l'espérance d'un agrandissement que l'on ne peut aquerir, qu'en commençant une Guerre dont on ne sçauroit avec sûreté deviner la fin, & qui coûte certainement des sommes immenses pour s'en assûrer la possession, devient une espérance d'une valeur très-médiocre : les Souverains à marier n'étant plus dans l'espérance d'hériter, choisiront leurs femmes par le mérite, l'union entr'eux en sera bien plus grande, la postérité plus nombreuse, & le mariage plus heureux.

En un mot, il est inutile de songer à former une Société aussi avantageuse, que sera la Société Européenne, si les fondemens n'en sont pas durables. Or si la Maison la plus puissante peut encore doubler sa puissance, que deviendra la liberté de cette Société ? D'un autre côté si les Souverains pour leur propre bonheur, ont besoin de convenir de Loix, il faut que ces Loix soient équitables, & peuvent-elles être équitables, si elles ne sont égales pour le plus puissant, comme pour le moins puissant ?

Le but de l'Union est de conserver chaque Souverain dans l'état où elle le trouve, & par conséquent dans les mêmes dégrez de distinction où ils sont entr'eux du côté du Territoire les uns à l'égard des autres. Or si le moins puissant pouvoit s'agrandir par succession, & que le plus puissant ne le pût pas, l'Union pourroit-elle conserver entre les Souverains & les Souverainetez la même distinction qu'elle y trouve présentement du côté du Territoire ?

Il y a même une considération en faveur des Républiques, c'est qu'elles ne peuvent agrandir leur Territoire, ni par succession, ni par aucun Pacte de Familles ; & comme elles renoncent à toutes les autres voyes d'agrandissement en considération des avantages de la perpétuité de la Paix, n'est-il pas équitable que les Etats Monarchiques en considération des mêmes avantages, soient en mêmes termes & de même condition que les Républiques ?

La Hollande veut conserver la distinction de puissance qu'elle a présentement à l'égard des Princes d'Italie & d'Allemagne les moins puissans, elle ne leur fait nul tort ; ils démeurent comme ils sont, & ils ont de plus par l'établissement de la Société Européenne l'avantage d'avoir sûreté parfaite de la durée de leur Maison sur le Trône, & tous les autres grands avantages dont nous avons parlé.

Peut-être que quelques Souverains disputeront d'abord cet Article par jalousie contre le Roi d'Espagne, qui se trouve en possession du plus vaste Territoire du monde : Or par la durée perpétuelle de l'Union, cette sorte de prééminence seroit perpétuelle pour tous les Rois d'Espagne ; mais comme il est absolument nécessaire qu'il y ait sur nôtre Terre quelque Souverain qui soit le plus grand Terrien de tous, qu'importe à l'Union que ce soit ou le Roi de la Chine, ou le Roi d'Espagne, qui ait cette prééminence, & encore vaut-il mieux, ce semble, pour l'Europe que ce soit une Maison Européenne, qu'une Maison Asiatique, & que ce soit la plus ancienne de celles qui régnent aujourd'hui sur la Terre.

(3) Sans la cession mutuelle & l'abandonnement des prétentions réciproques sur les autres Etats, il est évident qu'il n'y auroit jamais rien de fixe. 1. L'un voudroit faire valoir un droit de cinquante ans, tandis qu'un autre en voudroit faire valoir un de deux cens. 2. L'un prétendroit compenser contre une demande certaine un droit plus important, mais plus incertain, qu'il feroit revivre après cinq ou six cens ans d'interruption. La prescription est une Loi très-sage, très-sensée pour conserver le repos dans les familles. Les Particuliers heureusement pour eux y sont soûmis, mais les Souverains n'ont point jusqu'ici consenti à s'y soûmettre, & ce qui est de plus important, ils n'ont donné jusqu'ici aucune sûreté de la durée de leur consentement. Ainsi cette Loi n'a point de force entr'eux. 3. Si on allégue les Traitez, on chicanera sur les termes, on en produira d'autres qui ont des clauses opposées. 4. Si les termes sont trop clairs pour laisser quelque prétexte de chicaner, si l'on n'a point de Traitez à opposer, on dira que ç'a été la grande crainte qui les a extorquez, que le plus fort les a fait signer par violence, les armes à la main ; qu'ainsi n'ayant point été fait librement, ils n'obligent à rien. 5. Si on ne peut pas alléguer la violence, on alléguera le dol, la fraude, l'ignorance de faits essentiels, tous moyens qui sont spécieux. 6. Si on allégue les sermens, on dira qu'ils ont été extorquez par force, & puis la force du serment périt presque entiérement avec la personne qui l'a fait. 7. Que l'on rémonte par l'Histoire de Possesseur en Possesseur, que l'on éxamine la source du droit des derniers dans le droit qu'ont eu leurs différens Prédécesseurs, n'est-il pas certain que la plûpart des Etats d'Europe & d'Asie ne sont autre chose que des démembremens de l'Empire Romain, c'est-à-dire, de très-anciennes usurpations faites sur d'anciens Usurpateurs? Car je régarde comme tels non-seulement les Empereurs qui ont usurpé, ou succédé à l'usurpation sur la République, mais la République elle-même, qui avoit usurpé partie de ces Etats sur les Successeurs d'Aléxandre, autres plus anciens Usurpateurs.

Je ne prétens pas confondre ici toutes sortes de Conquêtes avec les usurpations. Il peut y en avoir de justes, quand ce ne seroit que pour se dédommager des frais d'une Guerre que l'on a entreprise avec justice. Mais on sçait assez que, ni Cyrus, ni Aléxandre, ni les Romains, ni les autres Conquerans n'y ont pas toûjours régardé de si près.

Quoiqu'il en soit, rien n'est plus aisé à gens d'esprit, en rémontant de siécle en siécle, que d'établir une espéce de Pyrrhonisme en fait de droits de Souverain à Souverain, d'Etat à Etat, & de rendre de pareils droits douteux, quand on a intérêt d'en faire douter. De sorte que si les Souverains se réservoient les moindres prétentions les uns contre les autres, il n'y auroit qu'à s'attendre à un cahos de droits nouveaux opposez entr'eux, opposez à des droits plus anciens, & ceux-ci à des droits encore plus anciens, qu'il seroit d'autant moins possible de débroüiller & de décider, qu'il n'y auroit presque aucun principe certain de décision.

Si chacun, en signant le Traité d'Union se réservoit tout ou partie de ses prétentions, il faudroit que tous convinssent de s'en rapporter à l'Arbitrage de l'Union, soit à la pluralité, soit aux trois quarts des voix. Or si quelque Souverain prétendoit avoir droit sur tout l'Etat de son voisin, comme il arriveroit certainement, peut-on croire que ce voisin voulût mettre tout son Etat en Compromis. Cependant il faut, ou que tous les Souverains mettent ainsi leurs Etats, ou la plus grande partie de leurs Etats en Compromis, en Arbitrage, ou que tous ensemble s'abandonnent mutuellement tous leurs droits & toutes leurs prétentions, en se contentant de la possession actuelle, ou qu'ils restent tous

tous pour toûjours avec leurs chimériques espérances dans le malheureux Systême de la Guerre perpétuelle.

Enfin ceux à qui il est dû, ne doivent-ils pas de leur côté ? Ceux qui ont quelques prétentions contre quelque voisin, n'ont-ils pas quelque autre voisin qui en a de pareilles ou de plus grandes contr'eux ? Or qu'y a-t-il de mieux à faire dans ce cahos de dettes & de prétentions, que de se remettre tout les uns aux autres, *afin que chacun puisse se payer une bonne fois par ses propres mains de toutes ses espérances, de toutes ses prétentions, & obtenir même infiniment au delà, en puisant dans le Trésor de la Paix inaltérable, des richesses incomparablement plus grandes & plus réelles que toutes ces espérances ?* Trésor inépuisable où tous les Souverains peuvent puiser sans cesse à pleines mains, mais où ils ne puiseront jamais sans le consentement l'un de l'autre, c'est-à-dire, sans avoir formé entr'eux une Société durable.

Mais point de Société durable sans sûreté réciproque, & c'en est une essentielle & fondamentale, que chacun abandonne pour toûjours toutes les espérances, toutes les prétentions qu'il peut avoir de posseder un jour quelque partie d'un Territoire posedé par un autre, & que chacun s'en tienne au point fixe de la *possession actuelle*. Or en supposant cet abandonnement réciproque, cette cession mutuelle de prétention, ils trouveront dans le Systême de la Paix infiniment plus que ce qu'ils cherchent, & que ce qu'ils cherchent en vain dans le Systême de la Guerre.

(4) Je n'ai prétendu parler ici que des prétentions & des dettes de Souverain à Souverain, & non pas d'un Souverain aux particuliers d'un autre Etat, comme de quelque Gênois sur l'Etat de Milan, & autres.

(5) Il étoit raisonnable d'un côté que les Souverains voisins pussent pour leur commodité mutuelle faire quelques échanges de Territoire; mais il étoit raisonnable de l'autre pour la sûreté de l'Union, que sous ce prétexte l'un ne pût pas augmenter son Territoire aux

dépens de l'Etat voisin; ce qui doit être une Loi fondamentale de la Société Européenne. Or pour accorder la liberté & la commodité des uns avec la sûreté des autres, il suffit que ce Traitez d'échanges soient faits sous les yeux & du consentement du reste des Souverains unis.

Si je propose comme Loi fondamentale, qu'il ne se fera plus de Traitez entre Souverain, que de l'avis & du consentement du reste de l'Union, c'est 1. Que pour la sûreté de la Société, il lui importe extrêmement que les Souverains ne puissent plus, sans être déclarez ennemis, faire entre eux des Traitez sécrets; le sécret n'est nécessaire que lorsque l'on veut faire quelque chose qui doit déplaire, ou porter préjudice à un tiers. 2. N'est-il pas juste que ceux qui peuvent avoir intérêt à un Traité, soient écoutez, afin d'être dédommagez du tort qu'ils pourroient en recevoir? Or de cette maniére on préviendra beaucoup de sujets de plainte. 3. C'est afin qu'aucuns des

D d ij

Contractans ne puiſſe jamais ni eſpérer de tromper, ni craindre d'être trompez : or la trompérie eſt une des ſources de la rupture, ou du moins une des cauſes les plus ordinaires de l'inobſervation des Traitez; & il n'y a perſonne qui tant pour ſoi-même, que pour ſes Deſcendans, ne gagne à rénoncer à tromper, pourvû qu'il ſoit ſûr que ni lui, ni ſes Deſcendans ne feront jamais trompez ; & n'eſt-il pas évident qu'un Traité qui ſe propoſera & qui ſe négociéra tout publiquement entre deux Souverains, en préſence de tous les autres, ſera ſi bien éclairci, ſi bien rédigé dans tous les articles par gens fort attentifs & fort intéreſſez à l'examiner par toutes ſes faces, qu'il ne ſera preſque pas poſſible qu'il y ait aucune des parties qui ne trouve réellement ſon avantage dans ce Traité ? Et cet avantage réciproque en aſſûrera l'obſervation. 4. C'eſt que ſi par malheur il y avoit quelque obſcurité, quelque choſe d'équivoque dans les termes, s'il arrivoit quelque cas qui n'y eût point été prévû, & si en conséquence il naissoit quelque contestation sur l'exécution de quelques-uns des articles, ceux qui dans l'Union y auroient travaillé, pourroient bien plus facilement, en se souvenant de l'esprit & des intentions des parties, trouver les moyens de lever les doutes, de concilier les contestations; sinon ils pourroient les juger avec plus grande connoissance de cause. 5°. C'est que pour l'intérêt même des Contractans, il est toûjours absolument nécessaire que l'Union soit garante de l'exécution de tous les Traitez futurs, & Arbitre de tous les différens qui en pourront naître. Or qu'y a-t-il de plus raisonnable, que les parties ayent pour témoins des Loix qu'elles se font à elles-mêmes, ceux qui doivent être les Interprétes & les Protecteurs de ces mêmes Loix?

※※

Il est question de rendre inébranlables les fondemens d'une Société qui doit procurer tant de biens aux Souverains, & à leurs Sujets : sur ce pied-là il n'est pas étonnant que les Anglois, les Hollandois & les autres Alliez de la Maison d'Autriche demandent avec tant d'instance une sûreté suffisante, que la Monarchie de France & la Monarchie d'Espagne ne seront jamais unis sous un seul Monarque.

La Maison de France consentira sans peine à cet article, pourvû que l'Union de son côté garantisse l'exécution du Pacte qui se fera dans cette Maison, qu'aucune fille, ni Descendant de fille n'héritera du Royaume d'Espagne, tant qu'il y aura deux mâles dans la Maison, de quelque Branche qu'ils soient, enforte que l'Aîné soit préféré aux Cadets, & la Branche Aînée aux Branches Cadettes.

D'un autre côté il n'est pas moins nécessaire pour la solidité de l'Union, de convenir que l'Empereur ne puisse jamais être élû Roi de Pologne, ni le Roi de Pologne être élû Empereur, que ni le Roi de France, ni le Roi d'Espagne, ni le Roi d'Angleterre, ni le Czar, &c. ne puissent non plus être élûs ou

Empereurs, ou Rois de Pologne: mais quelles sûretés suffisantes de l'exécution de ces conventions, si ce n'est par la garantie d'une Société, que l'on rende & au dedans & au dehors parfaitement inaltérable?

ARTICLE V.

Nul Souverain ne pourra désormais posséder deux Souverainetez, soit héréditaires, soit électives; cependant les Electeurs de l'Empire pourront être élûs Empereurs, tant qu'il y aura des Empereurs.

Si par droit de succession il arrivoit à un Souverain un Etat plus considérable que celui qu'il possède, il pourra laisser celui qu'il possède, pour s'établir dans celui qui lui est échû.

ARTICLE VI.

Le Royaume d'Espagne ne sortira point de la Maison de Bourbon, ou de France d'aujourd'hui, tant qu'il y aura deux mâles de cette

Maison, des Branches Aînées, ou des Branches Cadettes, à condition que les Aînez seront toûjours préferez aux Cadets, & la Branche Aînée à la Branche Cadette.

ECLAIRCISSEMENT.

Nous avons montré qu'un pareil Article, qu'une pareille garantie seroit un puissant motif pour engager la Maison de France à donner les mains pour établir la Société Européenne, & pour la rendre entiérement solide & durable.

Un des plus importans Articles pour la conservation de la Paix, c'est de faire de bonnes Loix pour le Commerce des Nations d'Europe, & de trouver les moyens de les faire bien exécuter. Mais comme ce Corps de Loix, dont les Membres pourront convenir aux trois quarts des voix, sera peut-être plusieurs années sans être formé, il est absolument nécessaire de convenir de quelques Loix provisionelles, telles qu'étoient les Articles des Traitez de Commerce déja faits, avec quelques restrictions ou exceptions provisionelles, dont on pourra encore convénir ; & surtout il faut pourvoir à faire exécuter par provision ces Articles entre les Négocians de différens Etats, par l'établissement des Chambres de Commerce sur les Frontiéres de chaque Etat.

Il est évident que sans cela les Nations se broüilleroient bien-tôt, que l'on en viendroit bien-tôt aux représailles, & puis aux hostilitez : il faut des Loix, il faut des Juges non suspects, mais surtout fort autorisez, & dont les Jugemens puissent toûjours être infailliblement exécutez.

Article VII.

Les Députez travailleront continuellement à rédiger tous les Articles du Commerce en général, & des différens Commerces entre les Nations particuliéres, de sorte cependant que les Loix soient égales & réciproques pour toutes les Nations, & fondées sur l'équité. Les Articles qui auront passé à la pluralité des voix des Députez présens, seront exécutez par provision selon leur forme & teneur, jusqu'à ce qu'ils soient réformez aux trois quarts des voix, lors qu'un plus grand nombre de Membres auront signé l'Union. (1)

L'Union établira en différentes Villes des Chambres pour le maintien du Commerce, composées de Députez autorisez à concilier, & à juger à la rigueur, & en dernier ressort, les procez qui naîtront pour violence, ou sur le Commerce, ou autres matiéres entre les Sujets de divers Souverains, au dessus de dix mille livres : les autres procez de moindre conséquence seront décidez à l'ordinaire par les Juges du lieu où demeure le Défendeur : chaque Souverain prêtera la main à l'exécution des Jugemens des Chambres du Commerce, comme si c'étoient ses propres Jugemens. (2)

Chaque Souverain exterminera à

ses frais les Voleurs & les Bandits sur ses Terres, & les Pirates sur ses Côtes, sous peine de dédommagement, & s'il a besoin de secours, l'Union y contribuera.

ECLAIRCISSEMENT.

(1) Un prémier point à l'égard du Commerce, c'est qu'aucune Nation ne soit préférée l'une à l'autre, & que toutes soient également libres de venir vendre & acheter des Marchandises : un second point très-important, ce séroit que pour éviter la discussion des droits d'entrée, de sortie, pour épargner aux Marchands les embarras de la visite, toutes les véxations & toutes les avanies que les Doüanniers leur font souffrir sous ces divers prétextes, on convînt aux trois quarts des voix que chaque Souverain n'éxigeroit de personne, soit Sujet, soit Etranger, aucun droit d'entrée ou de sortie, si ce n'est peut-être pour les vivres qui se consomment, & que chaque Souverain se dédommageroit par d'autres sortes de sub-

fides fur fes Sujets. Il eſt inconcevable combien ce feul Article faciliteroit, & augmenteroit le Commerce : combien les Sujets de chaque Souverain en feroient enrichis, & combien par conſéquent fes revenus augmenteroient par l'augmentation des leurs : mais comme il y a fur cela beaucoup de raiſons pour & contre à diſcuter, cette matiére mérite un Mémoire exprès.

Mais ce qui eſt de la derniére importance, c'eſt que tous les Souverains foient convenus que les Articles du Commerce étranger fe régleront pour la proviſion par les Députez à la pluralité des voix; car tout eſt cenfé réglé, tout eſt en Paix & en Commerce, dès que l'on eſt convenu d'un moyen auffi facile & auffi certain ; car il n'importe que ces Articles ne foient pas tous arrivez à leur perfection, puiſque les Souverains qui s'en trouveroient lézez, ont toûjours la voye ouverte pour les faire réformer aux trois quarts des voix, fur le pied de *l'égalité*, qui la eſt régle fondamentale.

(2) On fçait qu'un des fujets les

plus ordinaires de la Guerre entre Peuples voisins, ce sont les injustices que les particuliers d'une Nation souffrent, ou croyent souffrir des particuliers d'une Nation voisine : on sçait qu'alors on est souvent obligé de permettre les représailles, & les représailles une fois permises en un endroit, voilà la Guerre allumée par tout.

On verra plus en détail dans le septiéme Discours ce qui regarde ces Chambres de Commerce.

※※

Rien ne peut rétenir les hommes dans leur devoir envers les autres. Rien ne les peut faire agir, que l'espérance des avantages ou la crainte des malheurs à vénir, & les Princes ne sont après tout que des hommes. Nous avons montré amplement dans le troisiéme Discours les avantages qu'ils peuvent espérer de la formation & du maintien de la Société Européenne. Cela suffiroit, si l'on étoit sûr que tous les Souverains seront toûjours tant soit peu raisonnables : mais comme il peut arriver que de tems en tems il naisse quelque jeune Prince étourdi, téméraire, mal conseillé, il semble qu'il faille que l'Union soit en état de le traiter comme on traite les enfans que l'on ne peut plus méner par l'espérance de la récompense ; il faut alors les méner par la crainte des grands malheurs. Il est donc absolument nécessaire que les Princes sages pour rétenir leurs Successeurs non sages dans une Société aussi avantageuse pour eux & pour leur Maison, leur imposent une peine terrible & inévitable.

Article VIII.

Nul Souverain ne prendra les armes & ne fera aucune hostilité que contre celui qui aura été déclaré ennemi de la Société Européenne : mais s'il a quelque sujet de se plaindre de quelqu'un des Membres ou quelque demande à lui faire, il fera donner par son Député son Mémoire au Sénat dans la Ville de Paix, & le Sénat prendra soin de concilier les différens par ses Commissaires Médiateurs, ou s'ils ne peuvent être conciliez, le Sénat les jugera par Jugement Arbitral à la pluralité des voix pour la provision, & aux trois quarts pour la définitive. Ce Jugement ne se donnera qu'après que chaque Sénateur aura réçû sur ce fait les instructions & les ordres de son Maître, & qu'il les aura communiquez au Sénat.

Le Souverain qui prendra les armes avant la déclaration de Guerre de l'Union, ou qui réfusera d'exécuter un Réglement de la Société, ou un Jugement du Sénat, sera déclaré ennemi de la Société, & elle lui fera la Guerre, jusqu'à ce qu'il soit désarmé; & jusqu'à l'exécution du Jugement & des Réglemens; il payera même les frais de la Guerre, & le Païs qui sera conquis sur lui lors de la suspension d'armes, démeurera pour toûjours séparé de son Etat. (1)

Si après la Société formée au nombre de quatorze voix, un Souverain réfusoit d'y entrer, elle le déclarera ennemi du répos de l'Europe, & lui fera la Guerre jusqu'à ce qu'il y soit entré, ou jusqu'à ce qu'il soit entiérement dépossedé. (2)

ECLAIRCISSEMENT.

(1) Cet article est très-important pour la sûreté de chaque Souverain. D'un côté il sera sûr de n'être jamais assailli à l'improviste par aucun de ses voisins qu'il auroit pû offenser innocemment, ou que l'on auroit pû mettre en colére contre lui par des calomnies. De l'autre, il est sûr que lorsqu'il prendra les armes, ce sera toûjours avec succés, puisque ce sera avec le secours tout-puissant de l'Union. Enfin il sera sûr que le tort, l'offense, l'injure qu'il aura pû recevoir, seront réparées ou par accommodement, ou par le Jugement des Arbitres, avec la même équité & de la même maniére qu'il voudroit que tout fût réparé, si, au lieu d'être l'Offensé, il étoit lui-même l'Offenseur : *ne traitez point plus mal les autres, que vous ne voudriez en être traité, si vous étiez à leur place, & qu'ils fussent à la vôtre. Telle est la régle*

gle que dicte à tout Offensé l'amour propre bien entendu, c'est qu'il peut arriver que l'Offensé ou ses enfans déviennent à leur tour Offenseurs. Or en ce cas n'est-il pas de son intérêt que les punitions ne soient pas trop rigides, & les réparations trop fâcheuses ?

On sçait d'ailleurs que la fortune décide souvent très-injustement à la Guerre ; ainsi quiconque prétend obtenir une réparation juste, n'est pas sûr de l'obtenir par le sort des armes, au lieu qu'il est sûr de l'obtenir par l'équité & par le pouvoir de la Société, de l'obtenir sans frais, & sans se faire à lui-même, par les malheureux événemens de la Guerre, un nouveau tort, un nouveau dommage plus grand que celui dont il se plaint.

Au reste, inutilement on prétendroit maintenir l'Union, s'il n'y avoit pas une peine très-grande & absolument inévitable attachée au refus du Souverain qui ne voudroit pas en exécuter les Réglemens. C'est ce qui a obligé les Membres du Corps Germanique à convenir de mettre au Ban de l'Empire tout Membre réfractaire. Or quand tous les Souverains seront convenus de mettre au Ban de l'Europe celui qui voudra rompre l'Union, il ne viendra pas même à l'esprit d'aucun d'eux, quelque emporté qu'on le suppose, qu'il lui convienne de prendre les armes. Ainsi quand la considération des grands avantages qu'il tire de la Société ne l'y retiendroit pas, la seule crainte de la peine l'y retiendroit, & le contraindra de suivre, pour ainsi dire, malgré lui ses véritables intérêts. Il n'y a point d'Union durable à espérer entre les hommes, si chaque Membre n'y est retenu non-seulement par des considérations d'agrément & d'utilité qui suffisent pour ceux qui sont sages & sensez, mais encore par quelque grande crainte nécessaire pour y retenir ceux qui ne le sont pas.

(2.) Si un Souverain d'Europe vouloit faire bande à part, l'Union auroit un grand intérêt de le contraindre à prendre les mêmes engagemens & à donner les mêmes sûretés que tous les autres, en ce que sans cela il pourroit demeurer armé, il pourroit surprendre un de ses voisins par un armement subit. Or cette situation les obligeroit nécessairement à démeurer armez pour leur sûreté; ainsi il les contraindroit par sa conduite, sans aucune bonne raison, à une dépense ruineuse. Je dis qu'il n'auroit aucune bonne raison: car enfin ou il veut agrandir son Territoire, ou il ne veut que le conserver. S'il ne veut que le conserver, c'est le principal but, c'est le principal effet de la Société Européenne. S'il veut l'agrandir, ce ne peut être qu'aux dépens de ses voisins; ainsi ils sont en droit de le regarder & de le traiter comme leur ennemi.

Comme je suppose qu'en signant ces articles fondamentaux, on conviendra que tous les autres articles seront réglez aux trois quarts des suffrages du Sénat, & que cette convention, qui est de la derniére importance, ne peut être bien entenduë, jusqu'à ce que les Parties soient convenuës de combien de suffrages sera composé le Sénat, quels Souverains y auront suffrage, & si un Souverain, quelque puissant qu'il soit, y aura plus d'un suffrage. Il me semble qu'il est à propos d'éxaminer la chose à fond.

Combien y a-t-il de petits Princes ? Combien de Villes Souveraines en Allemagne ? Il y en a plus de deux cens. Combien y en a-t-il en Italie ? Or il seroit (ce me semble) absolument impraticable de composer un Sénat d'un aussi grand nombre de suffrages. Il est donc nécessaire de les réduire : mais sur quel pied ? Il me semble que l'on pourroit donner droit de suffrage aux Souverains qui auroient environ douze cens mille Sujets & au dessus, tels que le Pape, Savoye, Lorraine, Portugal, Danemark, Venise, Suisse, les Provinces-Unies, la Suéde, l'Angleterre, la Pologne, l'Espagne, la France, la Moscovie ; & à l'égard des autres moindres, comme Parme, Modéne, Florence, Bouillon, Monaco, Malte, Gênes,

Lucques, Raguse, Bade, Salm, Nassau, &c. on pourroit en faire diverses associations, qui auroient chacune un suffrage.

Il y a une autre question : c'est de sçavoir si les Princes & Etats d'Allemagne n'auront qu'un suffrage & un Député qui seroit nommé par l'Empereur, comme je l'ai dit au commencement de cet Ouvrage, ou si vû l'établissement de l'Union Européenne, l'Allemagne n'ayant plus tant de besoin d'élire d'Empereurs, on donneroit aux Souverains de cette Nation plusieurs Députez & plusieurs suffrages, en donnant des Associez aux plus foibles. Ainsi on pourroit donner au Chef de la Maison d'Autriche un Député, non comme Empereur, mais comme Souverain d'Autriche, de Silesie, de Boheme, de Hongrie, &c. un au Roi de Prusse, un au Roi Auguste, un au Duc de Baviére avec quelques Associez Princes & Villes; un au Comte Palatin & Associez; un au Duc d'Hanovre & Associez, un aux Archevêques de Cologne, de Mayence, de Tréves & Associez.

Projet de Paix perpetuelle,
En ce cas-là il y auroit ving-quatre Députez ou Senateurs. Je vais les nommer à peu près selon l'ordre qu'ils pourront signer le Traité d'Union.

 1. France.
 2. Espagne.
 3. Angleterre.
 4. Hollande.
 5. Savoye.
 6. Portugal.
 7. Baviére & Associez.
 8. Venise.
 9. Gênes & Associez.
 10. Florence & Associez.
 11. Suisses & Associez.
 12. Lorraine & Associez.
 13. Suéde.
 14. Danemark.
 15. Pologne.
 16. Pape.
 17. Moscovie.
 18. Autriche.
 19. Curlande & Associez, comme Dantzic, Hambourg, Lubek, Rostok.
 20. Prusse.
 21. Saxe.
 22. Palatin & Associez.

23. Hanovre & Associez.

24. Archevêques Electeurs, & Associez.

Or il me paroît qu'il conviendroit peut-être davantage à la sûreté de l'Union que la Nation Allemande eût sept Députez à la Diète générale de l'Europe, sans aucune dépendance d'un Empereur, que de n'avoir qu'un Député & un suffrage, en demeurant avec un Empereur. Il me semble de même que ce Réglement seroit beaucoup plus selon les intérêts des Princes & des Villes d'Allemagne. Il est vrai que le Chef de la Maison d'Autriche y perdroit la prérogative d'Empereur, mais outre qu'elle n'est pas héréditaire pour sa Maison, c'est que l'utilité publique en pareil cas, lors surtout qu'elle est très-considérable & très-durable, doit prévaloir sur une utilité particuliére qui n'est que médiocre & de peu de durée ; & nous avons montré dans le Discours précédent combien d'avantages considérables la Maison d'Autriche (comme toutes les autres puissantes Maisons) tireroit de l'établissement de l'Union, qui la dédommageroient avec un profit immense du titre d'Empereur. Je laisse cet article indécis : mais de quelque maniére qu'il soit décidé, ce Projet n'en est pas moins praticable, & toute la différence, c'est que l'Union, au lieu d'être composée de vingt-quatre Députez, ne le seroit que de dix-huit.

Une autre question à décider par les Souverains, c'est de sçavoir si le Député d'un Prince huit fois plus puissant en Sujets que le Duc de Savoye, par exemple, aura huit voix, tandis que le Duc de Savoye n'en aura qu'une, l'Angleterre quatre, la Hollande trois, & ainsi du reste.

Il me semble que pour résoudre cette question, il faut avoir égard à deux choses. 1°. A rendre la formation de la Société facile. 2°. A la rendre durable après qu'elle sera formée. Il ne faut pas que les plus puissans Souverains, après avoir une fois envisagé les avantages qui vont leur en revenir, démandent opiniâtrement un nombre de voix propor-

proportionné à leur puissance, chose de très-peu de conséquence, & qui rendroit cependant la formation de la Société, ou très-éloignée, ou impossible, ou de peu de durée. Il ne faut pas non plus que les très-petites Républiques, ni les très-petits Souverains démandent opiniâtrement d'avoir chacune une voix, chose de très-peu d'importance, & qui rendroit la formation de la Société impraticable : Société dont ils doivent cependant tirer toute leur sûreté & tous les plus grands avantages qu'ils puissent raisonnablement espérer pour leur Etat & pour leur Maison.

Quelle apparence de donner une voix au Prince de Monaco, par exemple, & de n'en donner pas d'avantage au Roi de France. Mais aussi d'un autre côté, en donnant une voix au Prince de Monaco, quelle apparence d'en donner trois cens au Roi de France qui a du moins trois cens fois autant de Sujets ? Quelle confusion seroit-ce dans les délibérations, s'il y avoit dans le Sénat trois cens Députez, & que chaque Député eût une voix, l'autre deux, l'autre trente, l'autre cinquante, l'autre quatre-vingt, l'autre cent, l'autre cent cinquante, l'autre trois cens, & autant de différences, que de Députez. Il n'y a personne qui ne sente que cela seroit absolument impraticable. Cette Assemblée, loin de pouvoir déliberer commodément, promptement, avec ordre, ne seroit qu'un cahos dont on ne pourroit jamais tirer aucun avantage.

Supposé que l'on se fixe à ne mettre de Députez que de la part des Princes qui auront au moins douze cens mille Sujets, si on attendoit à former l'Union, que l'on en eût fait la vérification, elle seroit trop longtems à se former, & en attendant on ne pourroit pas régler les articles, ni à la pluralité, ni aux trois quarts des voix. Ainsi il me semble que pour le bien de la chose & de l'Europe, il est à propos que les principales puissances fixent le nombre des Deputez. Je propose de le fixer à vingt-quatre, parce qu'en ne donnant aux plus puissans qu'un

Député, on trouvera à peu près quatorze Etats qui n'ont point d'Associez pour avoir douze cens mille Sujets & au delà, & dix autres qui en ont besoin. Mais il est à propos de voir quelles raisons peuvent déterminer les Souverains de douze ou quinze millions de Sujets, à consentir à n'avoir qu'une voix non plus que ceux qui ont dix fois moins de Sujets.

1°. Quand tous les Souverains seroient convenus que chaque Souverain auroit autant de voix, qu'il auroit de fois douze cens mille Habitans, il faudroit faire ce dénombrement en présence de Commissaires, & quand cela seroit-il fait?

2°. Que veut faire ce Souverain très-puissant du grand nombre de ses voix? En veut-il faire autre chose que de conserver l'Union, & la rendre de plus en plus solide, puisque c'est de sa durée seule qu'il peut attendre la Paix perpétuelle, & que c'est de la Paix perpétuelle qu'il attend, & qu'il recevra infailliblement les avantages immenses qu'il a vû dans le troisiéme Discours : or en se passant à une voix, il obtient ce qu'il doit le plus désirer, la formation prompte de l'Union, & la solidité de cette même Union.

3°. S'il y a jamais à craindre pour la destruction de l'Union, ce ne sera pas du côté des moins puissans, puisqu'ils ont encore plus d'intérêt à la faire durer, que n'ont les plus puissans : c'est donc tant mieux pour la durée de laisser plus de voix aux moins puissans. Or en bornant chaque Souverain à une voix, & toutes les voix à vingt-quatre dans la Diette de l'Europe, il se trouvera, que les moins puissans auront le plus grand nombre de voix, & c'est ce qui fera la plus grande solidité de la Société Européenne. Nous avons prouvé qu'il faudroit qu'un Souverain très-puissant fût presque entiérement insensé, ou pour réfuser d'y entrer, ou pour vouloir la détruire, s'il y étoit entré. Mais il faudroit que le Prince moins puissant fût encore plus insensé, si ce désir entroit dans son cœur. Or ce dégré de folie qui sera rare dans un, sera absolument impossible, quand il faudra, pour ruiner l'Union, que dix-huit, c'est-à-dire, que les trois quarts des Souverains votans en soient tous attaquez en même tems.

4°. Les voix des moins puissans ne sçauroient jamais rien ôter au plus puissant de son Territoire, ni des droits dont il est en possession, puisque ce sont choses fixes, & qu'il faudroit pour cela un consentement unanime, & par conséquent il faudroit le consentement de ce plus puissant lui-même, qui ne le donnera pas, s'il croit qu'on lui ôteroit quelque chose du sien. Voilà ce qui regarde l'intérieur de son Etat, & à l'égard du Commerce étranger, les dix-huit voix des moins puissans ne sçauroient non plus rien statuer, que leurs Réglemens ne soient égaux & réciproques pour toutes les Nations ; autrement il leur faudroit non-seulement les dix-huit ou les trois quarts des voix, mais encore toutes les voix. Or si les Réglemens son égaux pour toutes les Nations, quel tort peut en souffrir le Commerce des Sujets de ce Souverain très-puissant ; & puis les moins puissans ne se féroient-ils pas autant de tort à eux-mêmes : le plus puissant n'a donc jamais rien à craindre d'eux, ni pour lui, ni pour ses Sujets.

5°. Il est certain que si les vingt-quatre Souverains de l'Union étoient tous égaux ou presque égaux en puissance, comme le proposoit Henry le Grand, la Société en seroit encore plus solide. Or que faisons-nous en égalant le moins puissant au plus puissant du côté des suffrages & du nombre de Troupes qu'ils doivent conserver durant la Paix ; que faisons-nous, dis-je, que de les approcher, autant qu'il est possible, de cette égalité de puissance pour nuire, & pour faire du mal, sans rien changer cependant à leur inégalité de puissance, pour faire du bien, & sans rien diminuer de l'étenduë de la Souveraineté du plus puissant, ni de la grandeur de ses richesses, ni de la distinction que lui donnent tous ces avantages sur les autres Souverains ; en un mot en cédant le pouvoir de faire du mal, il ne cédera rien de réel, rien d'estimable, rien que ce que les Idolâtres réverent dans le Démon, & il acquiert en échange l'établissement d'une Société permanente qui lui procure à lui & aux siens des avantages inestimables. Ces considérations me persuadent qu'aucun Souverain n'aura de peine à convenir de l'article suivant.

ARTICLE IX.

Il y aura dans le Sénat d'Europe vingt-quatre Sénateurs ou Députez des Souverains unis, ni plus, ni moins; sçavoir, France, Espagne, Angleterre, Hollande, Savoye, Portugal, Bavière & Associez, Venise, Gênes & Associez, Florence & Associez, Suisse & Associez, Lorraine & Associez, Suède, Danemark, Pologne, Pape, Moscovie, Autriche, Curlande & Associez, Prusse, Saxe, Palatin & Associez, Hanovre & Associez, Archevêques Electeurs & Associez. Chaque Député n'aura qu'une voix.

ECLAIRCISSEMENT.

Je doute qu'après avoir tourné

& rétourné la chose de toutes les maniéres possibles, on puisse jamais se dispenser de convenir de cet article, ou de quelque chose d'équivalent, si l'on veut parvénir à l'établissement de la Société Européenne. Personne n'y perd ; tout le monde y gagne, ou si quelqu'un semble y perdre quelque chose d'un côté, il y gagne réellement de l'autre cent fois, mille fois davantage.

Vingt-quatre voix est un nombre assez grand pour rendre toutes cabales contre l'intérêt de l'Union très-difficiles à pratiquer, & d'un autre côté il n'est pas trop grand pour apporter de l'embarras dans les délibérations & dans les résolutions du Sénat.

Il m'a paru que plusieurs Lecteurs avoient été choquez dans la troisiéme ébauche de ce que je proposois de donner des Députez Sénateurs aux Souverains Mahométans; ainsi je ne propose pour eux que des Résidens à la Ville de Paix, pour entrétenir les articles du Traité de Commerce & d'Association que l'on fera avec eux pour la continuation de la Paix, & comme ce seront à peu près les mêmes articles que ceux dont les Souverains Chrétiens seront convenus entr'eux, la chose, sous un nom différent aura le même effet, que ce que j'avois proposé. Ils ne seront point Membres de l'Union avec la prérogative d'Arbitres. Ils n'en seront que les Associez avec l'avantage d'en avoir toute la protection. Nous en tirerons eux & nous tout le solide, qui est une sûreté suffisante & une sécurité parfaite, & apparament qu'ils ne démanderont pas mieux que d'être dispensez de faire entrer leurs Résidens dans les Assemblées de nos Députez, & qu'ils seront fort éloignez d'insister sur cet article.

Article X.

Les Membres & les Associez de l'Union contribueront aux frais de la Société, & aux subsides pour la sûreté à proportion chacun de leurs révenus & des richesses de leurs Peuples, & les contingens de chacun seront réglez d'abord par provision au la pluralité, & ensuite aux trois quarts des voix, après que les Commissaires de l'Union auront pris sur cela dans chaque Etat les instructions & les éclaircissemens necessaires, & si quelqu'un se trouvoit avoir trop payé par provision, il lui en sera fait raison dans la suite en principal & intérêt par ceux qui auroient trop peu payé. Les Souverains moins puissans & Associez pour former une voix, alterneront pour la nomination de leur Député à proportion de leurs contingens.

ECLAIRCISSEMENT.

Rien n'est plus équitable que chacun contribuë à proportion de son pouvoir, & par conséquent à proportion de son révenu, & que le plus riche paye le plus, puisqu'il profite le plus de la perpétuité de la Paix, soit par le rétranchement de la dépense de la Guerre, soit par l'augmentation du Commerce, soit par tous les autres avantages de cette perpétuité.

Je n'ai point fait de différence dans la contribution entre les Membres & les Associez, c'est-à-dire, entre les Chrêtiens & les Mahométans ; c'est que les uns tirent à proportion autant d'avantages que les autres de la perpétuité de la Paix.

Je dis qu'il est à propos que le plus puissant paye plus d'argent que le moins puissant, en cas que l'Union fût obligée d'entreprendre une Guerre. Mais je dirai ailleurs qu'à l'égard du nombre des Soldats, il n'est pas à propos qu'il y en ait plus d'une Nation, que d'une autre; de sorte que si le Roi de France est obligé de fournir vingt-quatre mille François, le Roi de Portugal sera obligé de fournir vingt-quatre mille Portugais, le Duc de Lorraine vingt-quatre mille Lorrains, ces Lorrains & ces Portugais ne seront pas entrétenus par la solde du Portugal seule, de la Lorraine seule : ce sera par la solde de l'Union, c'est-à-dire, de l'argent que fourniront au Trésorier de l'Union les Souverains les plus puissans ; ainsi il n'y en aura peut-être pas la huitiéme partie à la solde du Portugal ou de la Lorraine.

Comme les Commissaires de l'Union ne pourront pas de plus cinq ou six ans être informez au juste des révenus & des charges de chaque Souverain & de son Etat, & qu'il est cependant nécessaire de régler quelque chose incessamment sur ces contingens, il paroît indispensable de faire présentement ce Réglement à la pluralité des voix, après que chaque Souverain aura donné à l'Assemblée un Mémoire de son révenu, du révenu de l'Etat & de ses Charges. Mais il est juste que ce Réglement provisionel ne puisse nuire à personne, & qu'après les vérifications des révenus & des Charges, on rende à celui qui aura trop payé les avances qu'il aura pû faire pour ceux qui n'auront pas assez payé, & qu'il n'y perde pas même l'intérêt de ses deniers.

Article XI.

Quand le Sénat délibérera sur quelque chose de pressant & de provisoire pour la sûreté de la Société, ou pour prévenir, ou appaiser quelque Sédition, la question pourra se décider à la pluralité des voix pour la provision, & avant que de déliberer, on commencera par décider à la pluralité, si la matiére est provisoire.

ECLAIRCISSEMENT.

Ce que j'appelle matiére provisoire, ce sont les choses qui regardent le salut, ou un grand avantage de la Société en général, & ausquelles il faut donner ordre sans rétardement, pour éviter la perte qui arriveroit par un plus long délai. Telles sont aussi les mésures qu'il faut prendre pour prévenir, ou pour éteindre une Révolte, une Sédition, pour régler quelque article de Commerce, de Contribution, pour nommer des Commissaires pour assister au Conseil de la Régence d'un Souverain mineur, pour y maintenir l'ordre, & y conserver l'Union des Membres, & pour d'autres cas encore plus importans.

Article XII.

On ne changera jamais rien aux onze Articles fondamentaux ci-deſſus exprimez, ſans le conſentement *unanime* de tous les Membres : mais à l'égard des autres Articles, la Société pourra toûjours aux trois quarts des voix y ajoûter, ou y rétrancher pour l'utilité commune ce qu'elle jugera à propos.

ECLAIRCISSEMENT.

Ce douziéme article n'eſt pas moins fondamental que les onze autres, puiſque lui ſeul leur donne toute leur ſtabilité. Auſſi ces douze Articles étant une fois accordez & paſſez entre tous les Souverains, on peut dire qu'ils ſont d'accord de tous les autres, puiſqu'ils ſont démeurez d'accord d'un moyen facile & infaillible de régler tout le reſte, ou par la pluralité pour la proviſion, ou par les trois quarts des ſuffrages pour la définitive.

Je crois avoir montré que ces douze Articles feront des moyens suffifans pour former la Société, pour la rendre suffifamment puiffante & suffifamment intéreffée à faire exécuter les Traitez que feront les Souverains, & les Réglemens qu'ils rendront par leurs Députez, malgré la réfiftance, la rufe, la force & la folle ambition d'un ou de plufieurs Princes, qui pour troubler la Paix, voudroient rompre les liens de cette Société.

1°. On ne peut pas craindre que la Société ne foit affez puiffante pour éloigner de tout Souverain tout efpoir de lui réfifter, puifque par le prémier article elle doit embraffer tous les Etats d'Europe.

2°. On ne peut pas craindre, ni que les Etas Républiquains, ni que les Monarchiques s'affoibliffent par des Divifions & par des Guerres inteftines, puifque par le fecond & le troifiéme article, l'Union tient des fécours fuffifans tout prêts pour calmer les Séditions & punir les Séditieux.

3°. On ne peut pas craindre que le désir d'agrandir son Territoire cause dorénavant des Guerres, ni qu'il se trouve aucun Souverain, qui venant à hériter de nouvelles Monarchies, pût mettre le reste de l'Europe aux fers, puisque par le quatriéme & le cinquiéme articles tous rénoncent à toute sorte d'agrandissement de Territoire à quelque titre que ce soit, conquéte, vente, donation, élection, succession, soûmission volontaire ou autre droit.

4°. On ne peut pas craindre qu'aucun Souverain puisse jamais faire révivre aucunes prétentions de quelque nature qu'elles puissent être, puisque par le quatriéme article tous y rénoncent, tous se les abandonnent mutuellement, & s'en tiennent réciproquement quittes.

5°. On ne peut pas craindre que les affaires du Commerce soient des causes de Guerre, puisque par le septiéme article les Souverains conviennent qu'ils en régleront tous les

pour l'Europe.

les articles à la pluralité pour la provision, & aux trois quarts des voix pour la définitive, & qu'à l'égard des Procez entre Négocians ou autre Particuliers de différentes Nations, ils seront décidez suivant ces Réglemens par les Juges des Chambres du Commerce.

6°. On ne peut pas craindre que les articles des Traitez futurs ne soient point exécutez, puisque d'un côté par le quatriéme article, l'Union sera garante de tous ces Traitez, & que s'il trouvoit quelques contestations pour l'intelligence des termes de ces Traitez, la Société par le huitiéme article en démeure l'Arbitre, aussi-bien que de tous les différens personnels ; de sorte que si elle ne vient pas à bout de les concilier par ses Médiateurs, elle les finira sûrement *sans Guerre* par ses Jugemens.

7°. On ne peut pas craindre que l'opiniâtreté d'un seul Souverain suffise pour empêcher la formation de la Société, puisque par le même huitiéme article il seroit déclaré ennemi de tous les autres, & son

État mis au Ban de l'Europe.

8°. On ne peut pas craindre que les articles fondamentaux ne soient toûjours ponctuellement exécutez, puisque les mêmes avantages & les mêmes motifs expliquez dans le Discours précedent, qui auront suffi pour déterminer les Souverains à en convénir, subsisteront toûjours, & suffiront toûjours pour déterminer les Souverains futurs à les exécuter. Mais quand même il arriveroit qu'un jour quelque jeune Prince étourdi & follement ambitieux, voudroit rompre les liens de cette Société, la crainte qu'il aura d'être bien-tôt infailliblement détrôné, suffira pour le déterminer à l'exécution de tous ces articles, & les Souverains conviennent de la peine du détrônement dans le huitiéme article.

9°. On ne peut pas craindre que cinq des plus puissans Souverains se liguent pour rompre un jour la Société, & pour envahir les Etats des dix-neuf autres ; il faudroit qu'ils dévinssent tous en même-tems assez fous pour rénoncer pour jamais aux avantages immenses de la Paix perpétuelle, pour se fier à la parole les uns des autres, & pour ne demander autre sûreté que cette parole dans une affaire où il y va de tout pour eux, & dans le tems même qu'aucun d'eux n'a nul scrupule de manquer non-seulement à sa parole & à ses sermens, mais encore aux engagemens les plus solemnels: Or il n'y a personne qui ne voye qu'un pareil dégré de folie n'est point à craindre, quand il faut qu'il soit inutile, ou qu'il saisisse en même tems cinq Souverains de mœurs fort différentes, d'intérêts fort opposez & naturellement défians & jaloux les uns des autres.

10°. On ne peut pas craindre que les Souverains trouvent de la difficulté à régler les autres Articles importans pour la sûreté de la Société, puisque d'un côté le nombre des suffrages sera réglé par l'article neuviéme, & que de l'autre on sera convenu par l'onziéme article de régler tous ces articles à la pluralité pour la provision, & aux trois quarts des voix pour la définitive.

11º. On ne peut pas craindre qu'il se rencontre des difficultez insurmontables pour régler les contingens, puisqu'elles se trouveront tout d'un coup toutes levées, si l'on convient de l'article dixiéme.

12º. Enfin aucun Souverain n'a à craindre qu'on lui ôte jamais rien de ce qu'il posséde, puisque par l'article douziéme tous les autres Souverains s'en interdisent le pouvoir, à moins que lui-même n'y consente. Ainsi l'espérance & la sureté de s'enrichir par la continuation de la Paix, lui restent dans leur entier, sans aucun mêlange de crainte.

Qu'on me dise donc présentement par quel moyen, après un pareil Traité signé, la Guerre pourroit désormais rentrer en Europe. Ainsi il ne me reste plus qu'à conclure *Que la Société Européenne, telle que j'en viens de proposer les Articles fondamentaux, procurera à tous les Souverains Chrétiens sureté suffisante de la perpétuité de la Paix, & au dedans & au dehors de leurs Etats:* Et c'est la proposition que je m'étois proposé de démontrer dans ce Discours.

Dans une affaire de cette importance il ne suffit pas d'avoir indiqué les Articles *fondamentaux*, il me semble que je ne dois rien négliger pour rendre cet Etablissement de plus en plus solide & facile dans l'exécution ; c'est ce qui m'a obligé de ramasser dans la seconde partie de ce Discours plusieurs vûës *importantes* que j'ai disposées aussi en forme d'Articles, pour la commodité de ceux qui voudront éxaminer l'Ouvrage, & surtout pour diminuer la peine des Ministres qui voudroient s'en servir comme d'un échafaudage, pour construire eux-mêmes l'édifice de la Paix perpétuelle, c'est-à-dire, pour former les véritables articles dont les Souverains pourroient convenir, afin de parvenir à un but si utile & si glorieux.

ARTICLES IMPORTANS.

La principale différence entre les Articles fondamentaux, & les Articles importans, c'est que l'on ne changera jamais rien aux prémiers, si ce n'est du consentement *unanime* de tous les Membres, au lieu que l'on pourra toûjours changer quelque chose aux Articles importans aux trois quarts des suffrages. Je suis persuadé même que l'on pourra peu à peu augmenter le nombre des Articles fondamentaux, quand on pourra en convenir d'une voix unanime. Mais quant à présent les douze précédens m'ont paru suffisans pour l'établissement de la Société Européenne. Il ne me reste qu'à convénir du moins par provision à la pluralité des voix des choses les plus pressées : & c'est le sujet des Articles suivans.

ARTICLE I.

Le Sénat démeurera composé d'un des Députez de chacun des Souverains votans qui auront signé le Traité des douze Articles ci-dessus, & dans la suite leur nombre sera augmenté d'un Député de chacun des autres Souverains, à mesure qu'ils le signeront, & l'Assemblée du Sénat se tiendra par provision à Utrecht.

ECLAIRCISSEMENT.

Je propose Utrecht pour la Ville de l'Assemblée : je ne la propose cependant que par provision, parce que je ne suis pas sûr que l'on ne puisse en trouver une autre qui à tout prendre convienne plus à l'Union; mais à dire le vrai, je n'en connois point présentement qui rassemble tant d'avantages pour la préférence.

1°. Une Ville de Hollande me paroît préférable, en ce que les Hollandois sont de tous les Peuples de la Terre ceux qui font le Commerce le plus fréquent & le plus étendu. & après tout la Ville de Paix peut-elle jamais être mieux placée qu'au milieu du Peuple le plus paisible de tous les Peuples, & le plus intéressé de tous à la conservation de la Paix?

2°. Si elle étoit au milieu d'une Monarchie ou Frontière de deux

Monarchies, elle seroit moins libre, & le Congrès auroit plus à craindre d'être diſſipé en un moment par la crainte d'un Monarque turbulent & inſenſé.

3°. Il faut aux Sénateurs un climat laborieux, je veux dire, tel qu'il permette un grand travail : car enfin de leur application & de leur aſſiduité au travail dépend la tranquilité de l'Europe & du reſte de la Terre. Or dans les Païs chauds l'eſprit, comme le corps, eſt affoibli & épuiſé une grande partie de l'année, & ſurtout pendant le jour.

4°. Dans les climats froids on eſt rarement affligé de la peſte qui fait déſerter avec raiſon les principaux Habitans des Villes, & il faut, s'il eſt poſſible, que les Sénateurs ne puiſſent que rarement avoir des raiſons pour abandonner une Ville de laquelle vient par leur canal le bonheur de toutes les autres Villes du Monde.

5°. Entre toutes les Villes de Hollande, Utrecht ſemble préférable aux autres. Elle eſt une de celles où

les

les eaux sont les meilleures, & où l'air est le plus sain.

6º. Utrecht peut être commodément fortifié ; on peut même aisément y faire une nouvelle enceinte, où seroient les Palais des Sénateurs, les Magazins & les Citadelles.

7º. Le reste des Places de Hollande qui l'environne, lui sert comme d'un prémier rampart qui met la Ville en toute sûreté contre la violence & la surprise. Il faut faire en sorte que la sagesse qui produit tant de biens, soit à couvert des insultes de la folie qui cause tant de maux.

8º. Utrecht n'est éloigné d'Amsterdam que de dix lieües que l'on peut faire commodément par divers Canaux. Or Amsterdam est le plus grand Marché de l'Univers, où l'on trouve en abondance toutes les commoditez de la vie, & des Nouvelles perpétuelles de toutes les Parties du Monde, toutes choses fort désirables, & aux Sénateurs, & aux Princes dont le Commerce est fort étendu.

9º. Il est à propos que le Territoire de la Ville de Paix ait quelque étenduë, soit pour les Maisons de campagne des Sénateurs, soit pour avoir un Peuple suffisamment nombreux, afin que l'on y puisse choisir d'excellens Sujets propres aux Emplois de la République de Paix : or le petit Territoire de la République d'Utrecht suffira pour cela, & peut ainsi démeurer uni à sa Ville Capitale, pour former le Territoire de la République Européenne.

10º. C'est un préjugé pour mes raisons, que les Souverains ayent déja choisi cette Ville pour les Conférences de la Paix : mais c'est une nouvelle raison considérable que presque tous les Souverains d'Europe y ayent déja actuellement leurs Députez tous assemblez.

11º. Il n'y a point de Nation Chrétienne où l'on trouve, soit parmi les Sçavans, soit parmi le Peuple, une plus grande disposition à tolérer les autres Réligions, que la Nation Hollandoise. On ne peut pas disconvenir que le Tolérantisme ne soit une qualité estimable dans une fausse Réligion, puisque tolérer comme Citoyens ceux qui ont le bonheur d'être les véritables Fidéles, c'est avoir un procédé honnête, & ce n'est pas un médiocre avantage pour la Ville de la Paix, que le Peuple & les Magistrats soient la plûpart disposez à tolérer avec bonté & avec humanité ceux-mêmes dont ils sont régardez comme hérétiques.

Or il est difficile, peut-être même n'est-il pas possible de rencontrer tant d'avantages convénables à un petit Etat où s'assembleront les Etats Généraux de l'Europe, de trouver tant de choses nécessaires à une Ville qui doit être le centre de toutes les Villes, la Ville de toutes les Nations & de tous les Souverains.

Les six autres Provinces de Hollande ne seront pas affoiblies par la désunion qu'elles souffriront de la petite Province d'Utrecht, puisque cette désunion leur procure une Union incomparablement plus puissante & plus solide; & à l'égard des Sujets de cette Province, soit ceux qui y exercent des Emplois, soit ceux qui n'en ont point, profiteront au double à tous égards (comme on verra dans la suite) à recevoir pour Souverains de leur Territoire les Membres du Sénat Européen. Ainsi ce seroit le plus grand avantage que puissent jamais recevoir les Habitans de cette Souveraineté, de devenir nécessaires à toutes les autres Souverainetez de la Terre, & d'être, pour ainsi dire, les Ministres perpétuels de la Paix universelle.

Article II.

Le Sénat pour entretenir une correspondance perpétuelle avec tous les Membres de la Société, & pour les délivrer de tout sujet de crainte & de défiance les uns des autres, entretiendra toûjours non-seulement un Ambassadeur chez chacun d'eux, mais encore un Résident par chaque grande Province de deux millions de Sujets.

Les Résidens démeureront dans les Villes Capitales de ces Provinces, pour être témoins perpétuels & irréprochables à l'égard des autres

Souverains, que le Prince dans l'Etat duquel ils résident, ne pense qu'à entretenir la Paix & la tranquillité.

Ces Ambassadeurs & ces Résidens seront pris d'entre les Habitans naturels du Territoire de la Ville de Paix, ou naturalisez dans ce même Territoire.

Chaque Souverain facilitera, autant qu'il sera en son pouvoir, toutes les informations des choses qui seront dans les instructions des Résidens, & il ordonnera à ses Ministres, & à ses autres Officiers de leur donner sur toutes leurs demandes tous les éclaircissemens qu'ils désireront pour la sûreté & la tranquillité publique, afin qu'ils puissent en rendre compte tous les mois au Sénat, & à l'Ambassadeur du Sénat.

Les Résidens seront du nombre des Commissaires que le Sénat enverra pour vérifier le Mémoire des révenus & des charges du Souverain & de son Etat, afin de régler son Contingent pour la définitive.

ECLAIRCISSEMENT.

10. Le but du Discours précédent étoit de faire souhaiter qu'il pût se trouver sûreté suffisante pour rendre la Guerre impossible ; le but de celui-ci, c'est d'indiquer les moyens propres pour parvenir à cette sûreté. Or entre ces moyens il me semble qu'un des plus importans, c'est de faire ensorte qu'un Souverain ne puisse surprendre son voisin par un Armement grand & subit ; & que peut-on imaginer de plus convenable pour cet effet, que d'établir des Résidens sur les Frontiéres, & dans le milieu des Etats des Souverains les plus puissans, & les plus redoutables, pour veiller, & pour avertir de tout ce qui aura apparence d'Enrôllemens, d'amas d'Armes & de Munitions ? Et afin d'être plus sûr de cet avertissement, rien n'est plus convenable, que de commettre à ces Emplois des personnes indépendantes du Souverain, qui ont leurs parens & leur établissement dans le Territoire de la Paix, & qui sont

d'autant plus incorruptibles, que leur honneur & leur intérêt conspirent à leur faire faire leur devoir avec la plus grande exactitude ; car enfin que déviendroient tous les Sujets du Territoire de la Ville de Paix, si l'Union venoit à se rompre ? Quelle différence pour leur fortune ?

2°. Il y a long-tems que les Princes, comme les particuliers, sont accoûtumez à ne point régarder comme offenses les sûretez qu'on leur demande, les précautions que l'on prend avec eux pour leur faire observer leurs promesses. En effet, quand ils se promettent de licencier leurs Troupes, d'évacuer des Places, d'en raser d'autres, n'ont-ils pas le soin d'envoyer des Commissaires tant d'un côté que d'autre, pour voir si les choses s'exécutent de la maniére dont elles ont été promises ? Il y a long-tems qu'ils sont accoûtumez à ne point trouver mauvais que chacun prenne ses sûretez ; parce qu'il leur est permis de même de prendre les leurs, les ôtages, les stipulations, que tels

Souverains seront garans de l'exécution des promesses réciproques, & plusieurs autres semblables précautions, qu'ils ont coûtume de prendre les uns contre les autres dans leurs Traitez : que sont-ce autre chose, que des témoignages autentiques qu'on est en droit de part & d'autre, tant pour son intérêt particulier, que pour l'intérêt de son Peuple, de ne se pas fier à une simple parole, à une simple promesse par écrit, quand on peut y ajoûter de plus grandes sûretez ? D'ailleurs un Prince a toûjours à dire, je ne me défie pas de vôtre probité, de vôtre bonne foi, de vôtre exactitude à tenir vôtre parole, à exécuter vôtre promesse; mais vous n'êtes pas immortel, & vous qui vivez aujourd'hui, vous pouvez mourir demain, ou du moins avant que vous ayez pû exécuter ce que vous avez promis ; que sçai-je de quel caractére sera vôtre Successeur, & quel sera son Conseil ?

3°. Que font les Résidens dans les Provinces d'un Souverain ? Trois choses très-avantageuses pour lui.

La premiére, ils sont témoins perpétuels & irréprochables envers les Princes unis, de sa bonne foi, de sa bonne volonté, & de sa bonne conduite pour la conservation de la Paix. La séconde, ils le rendent sûr qu'il ne se pratique rien contre lui dans les Etats voisins. La troisiéme, ils augmentent son autorité sur ses Sujets, en les faisant souvenir perpétuellement des grandes forces de l'Union prêtes à accabler tous ceux qui voudroient se soulever contre leur Souverain. Ainsi ces Officiers lui asûrent la Souveraineté à l'égard des invasions étrangéres, en prenant toutes sortes de précautions contre la Guerre entre les Souverains, & augmentent en même tems son autorité à l'égard de ses Peuples, en éloignant de leurs esprits toute espérance d'impunité dans leur désobéïssance.

4°. L'Union est inutile, si on ne la régarde pas comme un établissement inaltérable & éternel, & si chacun la signant n'y voit pas une sûreté parfaite. Or quelle sûreté, si un Prince peut faire faire secretement des Enrôllemens, & créér des Officiers sous d'autres prétextes, & qui l'en empêchera, si l'Union n'a pas chez lui des Résidens ? Que s'il n'a aucun dessein semblable, qui rendra témoignage qu'il démeure en repos, & qui l'assûrera lui-même qu'aucun de ses voisins ne songe à le troubler & à envahir ses Etats ?

5°. Si les autres ont des Résidens chez vous, vous en avez chez les autres : si vous régardez ces témoins de Paix comme nécessaires chez les autres pour vous instruire de ce qui s'y passe, ne devez-vous pas, pour les engager à recevoir chez eux ces mêmes témoins de Paix pour vôtre sûreté, les recevoir vous-même tout le prémier chez vous, pour procurer à vos voisins pareille tranquilité ? Voulez-vous qu'on ôte aux autres le pouvoir de vous tromper, de vous surprendre, & de leur nuire ? Ils y consentent, pourvû que vous vous ôtiez en même tems le pouvoir de les tromper, de les surprendre, & de leur nuire. Comme l'Union n'a d'autre but, d'autre intérêt, que de tenir

pour l'Europe. 371

tout le monde en Paix, on ne la sçauroit rendre trop durable, & elle ne sçauroit prendre trop de précautions contre les perturbateurs du repos public.

6°. Si tous les Résidens font bien leur fonction, si chaque Souverain leur donne librement & volontiers les facilitez de la bien faire, il est évident que cette précaution met encore aux environs de chaque Etat comme une espéce de nouvelle Fortification très-considérable, pour empêcher toutes sortes d'invasions; & qu'y a-t-il de plus équitable, qu'un Souverain qui désire, ou qui démande aux autres Souverains toutes sortes d'éclaircissemens pour n'avoir point à les redouter, leur donne aussi pareille satisfaction en la personne des Officiers de l'Union, afin que de leur côté ils n'ayent aucun sujet de le redouter ? N'est-ce pas une première Loi d'équité, de ne pas refuser aux autres pour leur sûreté, ce que nous ne voudrions qu'ils nous refusassent pour la nôtre ?

7°. De deux choses l'une; ou le

Prince qui réfuse de consentir à l'établissement des Résidens de l'Union, veut s'ôter le pouvoir de la renverser, & d'envahir les Etats voisins, ou il ne veut pas se priver de ce pouvoir : s'il ne le veut pas, qu'y a-t-il de plus odieux qu'un voisin qui veut envahir tous les autres ? Mais s'il veut sincérement se dépouïller de ce pouvoir, pourquoi ne veut-il pas donner une preuve incontestable de sa bonne foi & de sa sincerité ?

8°. Que font en désarmant en même tems les Princes qui font entr'eux une Paix de *quelques années* ? Ils s'ôtent pour *quelques années*, par ce désarmement réciproque, le pouvoir de se faire la Guerre. Or il s'agit ici de faire une Paix *inaltérable*; il est donc absolument nécessaire, puisqu'ils la veulent inaltérable, qu'ils s'ôtent tous chacun de leur côté tout pouvoir de se faire jamais la Guerre, si ce n'est lorsque l'un d'eux sera déclaré ennemi de l'Union Européenne.

ARTICLE III.

Quand l'Union employera des Troupes contre son ennemi, il n'y aura point un plus grand nombre de Soldats d'une Nation, que d'une autre : mais pour faciliter aux Souverains moins puissans la levée & l'entretien d'un grand nombre de Troupes, l'Union leur fournira les deniers nécessaires, & ces deniers seront fournis au Trésorier de l'Union par les Souverains plus puissans qui fourniront en argent le surplus de leur contingent extraordinaire.

Si quelque Membre de l'Union ne fournissoit pas à tems son contingent extraordinaire en Troupes ou argent, l'Union empruntera, fera les avances, & se fera rembourser avec les intérêts de l'emprunt ou du prêt par le Souverain qui seroit en défaut.

En tems de Paix, après que tous les Souverains auront signé, le plus puissant n'entretiendra pas plus de Troupes de sa Nation, que le moins puissant, ce qui sera réglé pour le moins puissant qui a suffrage entier à six mille hommes : mais un Souverain fort puissant pourra du consentement de l'Union emprunter & entretenir à ses frais dans son Etat d'autres Troupes pour ses Garnisons, & pour prévenir les Séditions, pourvû que ce soient tous Soldats & Officiers étrangers, & ni ces Officiers, ni ces Soldats ne pourront sur peine d'être cassez, acquerir aucune rente, aucun fond, se marier ailleurs que dans le Païs de leur naissance.

ECLAIRCISSEMENT.

Pour ôter toute crainte aux Souverains moins puissans, & toute tentation aux Souverains plus puissans, rien n'est plus simple que de convenir que dans les Guerres qu'aura l'Union, le nombre des Troupes d'un Souverain sera égal au nombre de Troupes de tout autre Souverain, par exemple, que lorsque la France fournira vingt-quatre mille hommes, le Duc de Savoye en fournira autant, aidé par l'argent de l'Union qu'aura fourni la France ; de cette maniére l'égalité qui se trouvera entre les Troupes du plus puissant & les Troupes du moins puissant, fera la sûreté, & produira la confiance réciproque des Nations unies.

Si le Duc de Lorraine entretient six mille hommes dans la plus profonde Paix, le Roi de France en pourra entretenir trente mille : mais parmi ces trente mille, il n'y aura que six mille François, & il pourra y avoir six mille Lorrains, six mille Piémontois, six mille Suisses, &c.

Article IV.

Après que les Princes unis auront déclaré la Guerre à un Souverain, si une de ses Provinces se révolte en faveur de l'Union, cette Province demeurera démembrée, & elle sera gouvernée en forme de République, ou donnée en Souveraineté à celui des Princes du Sang que cette Province aura choisi pour son Chef ou au Général de l'Union.

Le Ministre, le Général ou autre Officier de l'Ennemi qui se retirera, ou chez un Souverain Membre de l'Union, ou dans le Territoire de l'Union, y sera protégé par le Sénat qui lui fournira pendant la Guerre un révenu pareil à celui qu'il possédoit dans son Païs, & la Paix ne se fera point que l'Union ne soit remboursée de ce qu'elle lui aura fourni, & jusqu'à ce que l'Ennemi réconcilié ait fourni à l'Union la valeur des biens que le Réfugié a dans son Païs, afin qu'il puisse choisir ailleurs son habitation.

Deux cens des principaux Ministres ou Officiers de l'ennemi qui ne se seront pas retirez en Païs étrangers au commencement de la Guerre, seront livrez à l'Union, & punis de mort ou de prison perpetuelle, comme Perturbateurs de la Paix de la commune Patrie.

ECLAIRCISSEMENT.

La grande crainte qu'aura un Souverain ambitieux d'être déclaré ennemi de l'Union, s'il vouloit s'en séparer, féparer, eft une grande fûreté pour la durée de l'Union & de la Paix. Ainfi on ne fçauroit trop agrandir fon danger, pour agrandir fa crainte. Il faut donc par les Réglemens faire en forte d'un côté que ce qu'il aura à craindre foit très-confidérable, & de l'autre qu'il ne puiffe fe flatter d'aucune efpérance d'éviter ce qu'il a à craindre. Au refte il n'eft pas à propos de le détrôner entiérement ; il vaut beaucoup mieux le dépoüiller de partie de fes Etats, & le laiffer aux autres Souverains, comme un exemple vivant & perpétuel de ce que doivent craindre ceux qui voudroient fuivre fes traces. Il eft de même utile qu'il puiffe craindre, s'il eft déclaré Ennemi, que quelqu'une de fes Provinces ne fe révolte, & que quelque Prince ou Grand de fon Etat mécontent du Gouvernement, n'aide au foulevement, & ne fe mette à la tête des Revoltez, dans l'efpérance d'une auffi grande récompenfe, que celle de devenir Souverain : efpérance d'autant mieux fondée, que la Souveraineté fera promife par l'Union, qui sera sûrement le parti victorieux.

Il est sage d'ouvrir une porte aux gens de bien qui sont dans un Etat ennemi, pour en sortir, sans rien risquer de leurs biens.

Il est juste de punir de mort ou de prison perpétuelle des Ministres & des Officiers à qui il est libre de ne point servir contre leur commune Patrie, c'est-à-dire, contre la Société Européenne, & qui pouvant se retirer, sans risquer leur fortune, se jettent neanmoins dans une Guerre criminelle contre l'Union, pour troubler la Paix universelle : ils doivent donc être traitez comme ennemis & perturbateurs du repos public ; ainsi il est visible que le Prince qui délibéreroit s'il se feroit déclarer ennemi de l'Union, ou en sera détourné par son Conseil, ou craindra d'être abandonné de la plus saine partie de ses Ministres & de ses Officiers, & cette crainte sera pour lui un sentiment salutaire qui le rétiendra malgré lui dans ses vrais intérêts.

ARTICLE V.

L'Union donnera des récompenſés utiles & honorables à celui qui découvrira quelque choſe d'une conſpiration contre ſes intérêts, & cette récompenſe ſera dix fois plus forte que celle que le Dénonciateur auroit pû eſpérer en demeurant dans la conſpiration.

ECLAIRCISSEMENT.

Rien n'eſt plus important que de rendre impoſſibles les conſpirations contre l'Union : or c'eſt les rendre impoſſibles que d'en rendre le ſécret impoſſible, & n'eſt-ce pas rendre ce ſécret impoſſible, que d'ôter aux Conſpirateurs l'intérêt de reſter dans la conſpiration, & de leur donner un grand motif pour la découvrir.

ARTICLE VI.

Pour augmenter la ſûreté de l'Union, les Souverains, les Princes du Sang & cinquante des principaux

Officiers & Ministres de leur Etat rénouvelleront tous les ans au même jour dans leur Capitale en présence de l'Ambassadeur & des Résidens de l'Union & de tout le Peuple, leurs sermens, selon les Formules dont on conviendra, & jureront de contribuer de tout leur pouvoir à maintenir l'union générale, & à faire exécuter ponctuellement ses Réglemens, pour rendre la Paix inaltérable.

ECLAIRCISSEMENT.

Par une ancienne formule, les Souverains dans les Traitez de Paix déclaroient qu'ils rénonçoient à rien faire de contraire au Traité, & que s'ils y contrévenoient, ils consentoient que leurs Sujets démeurassent dispensez envers eux d'obéïssance & de fidélité.

ARTICLE VII.

Comme il y a beaucoup de Terres en Amérique & ailleurs qui ne sont habitées que de Sauvages, &

qu'il est à propos que les Souverains d'Europe qui y ont des Etablissemens ayent dans ce Païs-là des bornes certaines, évidentes & immuables de leur Territoire, pour éviter les Sujets de Guerre, l'union nommera des Commissaires qui travailleront sur les lieux à l'éclaircissement de ces limites, & sur leur rapport, elle en fera la décision aux trois quarts des voix.

ECLAIRCISSEMENT.

Ces Terres si éloignées, incultes, inhabitées sont de peu d'importance, mais il ne faut, s'il est possible, rien laisser à partager entre les Souverains; il faut leur ôter tout sujet de division; & il sera d'autant plus facile de réüssir présentement à ce partage, que ces Païs ne sont jusqu'ici que d'une très-petite utilité à chaque Souverain, & qu'ils y dépensent plus qu'ils n'en rétirent. On peut même dire que quoi qu'il puisse y avoir quelque profit à faire pour quelques pauvres familles qui peuvent aller s'y établir, c'est une porte ouverte pour faire déserter peu à peu le bas peuple d'un Etat : or c'est une perte considérable pour le Commerce, quand ceux qui doivent trafiquer ensemble se trouvent dispersez & fort éloignez les uns des autres, & le Commerce n'est jamais plus grand, plus fréquent, plus riche dans un Etat, que lorsque le peuple en est plus rassemblé, témoin les Provinces de Hollande & de Zélande. Le feu Chevalier Petty Anglois a démontré sensiblement cette opinion, & il en concluoit que les Etablissemens de sa Nation en Amérique, en Irlande même, & dans les Montagnes d'Ecosse dévroient être abandonnez, pour en rassembler le Peuple en Angleterre, & que cette transmigration enrichiroit infiniment davantage les Particuliers & le Royaume.

※

Il y a une espéce d'événement qui arrive dans chaque siécle, & qui, si l'union ne le prévoit, pourroit causer quelques troubles dans quelques Etats ; c'est lorsque les Maisons Souveraines viennent à s'éteindre, & lors qu'il n'y a point d'héritiers, ni mâles ni femelles habiles à succéder. Or par le Traité d'union cette incapacité de succéder pourroit encore devenir plus fréquente, à cause de l'Article qui rend non-seulement deux Souverainetez incompatibles en la personne d'un Souverain, mais encore par un autre Article qui déclare qu'aucun Prince de Maison Souveraine, quoiqu'il ne soit pas lui-même Souverain, ne pourra posséder d'autre Souveraineté que celle, ou quelqu'une de celles qui sont actuellement dans sa Maison.

ARTICLE VIII.

Lorsque dans un Etat Membre de l'union, il ne restera plus personne habile à succéder au Souverain Régnant, l'union pour prévenir les troubles de cet Etat, réglera, & s'il se peut, de concert avec le Souverain quel doit être son Successeur ;

mais toûjours sous la condition qu'il ne laisse point d'enfans : & comme il peut mourir de mort subite, l'union ne perdra point de tems ou à désigner le Successeur, ou à régler le Gouvernement en République, en cas que le Souverain ne veuille point de Successeur.

ECLAIRCISSEMENT.

On voit assez de quelle importance est cet Article pour prévenir les malheurs des Guerres Civiles : peut-être même que ce Souverain aimera mieux assurer à son Etat un Gouvernement Républicain, que de se voir désigner un Successeur : & alors l'Union par ses Commissaires disposera toutes choses, afin qu'à la mort du Souverain tout se puisse exécuter à peu près sur la forme que l'union aura réglée.

※

Tels sont les Articles les plus importans, dont les Souverains, qui les prémiers signeront les Articles fondamentaux

damentaux, peuvent encore convenir par provision, & en attendant que tous les autres signent les fondamentaux : j'espere que ni dans les uns, ni dans les autres on ne trouvera rien que d'équitable, & de très-conforme aux intérêts communs de la Société : & après tout que demande-t on au Souverain à qui l'on propose de signer le Traité d'Union ? Qu'il souffre que les autres joüissent toûjours paisiblement de tout le Territoire qu'ils possédent actuellement ; qu'il renonce à toutes sortes de prétentions sur ce Territoire, & qu'il donne des *suretez suffisantes* de cette renonciation, à condition que les autres Souverains souffriront que lui & les siens joüissent toûjours tranquillement de tout le Territoire dont il est actuellement possesseur, qu'ils renonceront tous pour toûjours à toutes sortes de prétentions sur son Territoire, & qu'ils lui donneront des *suretez suffisantes* de leur renonciation.

Que lui demande-t-on ? Que pour la sûreté de ses voisins il licentie ses

Troupes, à l'exception du Contingent, qu'il rénonce au funeste pouvoir de prendre les Armes contre aucun, à moins qu'il ne soit déclaré ennemi de l'Union, & qu'il délivre une bonne fois ses voisins de la crainte d'être jamais envahis, ni par lui, ni par ses Successeurs, en permettant aux Résidens de l'Union de rendre aux autres témoignage de sa bonne conduite pour le maintien de la Paix, à condition que pour sa sûreté ses voisins licentieront en même-tems leurs Troupes, à l'exception de leur Contingent, qu'ils renonceront au pouvoir de prendre jamais les Armes contre lui, à moins que cessant de vouloir entretenir l'Union, ils n'en soient déclaré ennemis, & qu'ils le deliveront pour toûjours lui & sa postérité de pareilles craintes & de pareilles inquiétudes, en permettant de leur côté à ces Résidens de lui rendre un témoignage assûré de leur bonne conduite pour la conservation du repos public.

Que lui demande-t-on ? Que dans l'impossibilité où sont les Souverains, comme les autres hommes qui ont quelque démêlé, ou quelque chose à partager, de se faire jamais une justice, dont ils soient tous également contens, de convenir que ses pareils soient les Arbitres des démêlez qu'il pourra avoir dans la suite avec ses voisins, à condition qu'il sera en même-tems Arbitre des différens qu'ils pourront avoir entre eux.

Que lui demande-t-on ? Que ses Sujets dans leurs demandes contre les Sujets des autres Souverains soient jugez par des Juges éclairés, équitables, choisis par l'Union, à condition que les Sujets des autres Souverains dans leurs demandes contre les siens, seront jugez par les mêmes Juges.

Que lui demande-t-on ? Un contingent d'argent proportionné à ses richesses, qui serve à maintenir l'Union, & à mettre ainsi tous les autres Souverains en sûreté contre son inconstance & celle de ses Successeurs, à condition qu'ils donneront un Contingent proportionné, pour le mettre en sûreté lui & sa postérité, contre l'inconstance des autres Souverains préfens & futurs.

Que lui demande-t-on enfin? Qu'il s'impofe pour la tranquillité des autres & de leurs Succeffeurs les mêmes Loix, les mêmes conditions qu'il fouhaiteroit qu'ils s'impofaffent eux-mêmes pour lui procurer à lui & à fes Defcendans une tranquillité parfaite.

Toutes ces demandes ne font-elles pas fondées fur cette premiére Loi d'équité naturelle, dont toutes les autres Loix juftes dérivent comme de leur fource, *Ne faites point contre les autres ce que vous ne voudriez pas qu'ils fiffent contre vous, si vous étiez à leur place, & qu'ils fuffent à la vôtre?* Tous ces Articles font-ils autre chofe, à proprement parler, que des explications, que des conféquences évidentes de cette premiére Loi? Or qui ne fçait qu'il n'y a que les Traitez où regne l'équité, qui foient durables? Qui ne fçait que ceux qui gouvernent les Etats foit Républicains, foit Monarchiques, font fortement intéreffez pour leur propre fûreté, pour leur propre félicité, à fuivre toûjours l'équité.

Il me paroît donc que pour achever ce Discours je n'ai plus qu'à raprocher les propositions que je crois avoir démontrées dans le Discours précedent, & dans celui-ci.

※

Si la Société Européenne peut procurer à tous les Souverains Chrétiens sûreté suffisante de la perpétuité de la Paix au dedans & au dehors de leurs Etats, il n'y a aucun d'eux, pour qui il n'y ait beaucoup plus d'avantages à signer les Articles proposez pour l'établissement de cette Société, qu'à ne les pas signer.

Or la Société Européenne, telle qu'on peut la former, par les douze Articles fondamentaux que l'on vient de proposer, peut procurer à tous les Souverains Chrétiens sûreté suffisante de la perpétuité de la Paix au dedans & au dehors de leurs Etats.

Donc il n'y a aucun d'eux pour qui il n'y ait beaucoup plus d'avantages à signer ces douze Artices pour l'établissement de cette Société, qu'à ne les pas signer. Et c'est tout ce que je me suis proposé de montrer dans cet Ouvrage.

Au reste il me semble que s'il y a pour tous les Souverains Chrétiens de si grands avantages à signer ces douze Articles fondamentaux, ou d'autres Articles équivalens pour l'établissement de la Société Européenne, il est comme impossible que si ce Projet vient à la connoissance des vingt-quatre principaux Souverains d'Europe, il n'y en ait pas au moins deux qui les signent ; qu'il est comme impossible qu'avec le tems ces deux ne persuadent pas un troisiéme ; qu'il est comme impossible qu'avec le tems ces trois ne viennent pas à bout de persuader un quatriéme ; qu'ainsi il est comme impossible que cette Société ne croisse avec le tems, & qu'elle ne prenne enfin avant un demi siécle son accroissement total, & son entier affermissement.

Mais il est tems de montrer qu'en quelque état que soient les affaires d'Europe, la proposition de ce Projet doit faire plaisir à tous les Souverains ; & c'est ce que je vas faire voir en peu de pages dans le Discours suivant.

PROJET DE PAIX PERPETUELLE, POUR L'EUROPE.

CINQUIE'ME DISCOURS.

PROPOSITION A DÉMONTRER.

Si ce Projet est proposé à des Souverains durant la Guerre, il facilitera la Paix.

S'il leur est proposé durant les Conferences de la Paix, il en facilitera la conclusion.

S'il leur est proposé après la Paix concluë, il en procurera la durée.

J'Embrasse (ce me semble) tous les tems où l'on peut leur proposer ce Projet, & si dans tous les tems il doit leur être très-avantageux, on ne sçauroit jamais mal prendre son tems pour leur en donner connoissance.

Quant à la preuve de la premiére partie de la proposition, il n'est pas difficile de la tirer de ce qui a été démontré dans le troisiéme Discours. Il est certain qu'au commencement de la plûpart des Guerres, il y a un Souverain ou une Ligue qui demande & qui attaque, & un Souverain ou une Ligue qui se contente de se défendre, & qui ne demande rien : mais dès que la Guerre est commencée, celui-là même qui ne demandoit rien d'abord, commence à devenir demandeur lui-même, à cause des dépenses qu'il a faites & des dommages qu'il a soufferts. Ainsi chacun demande, ou sa prétention en entier, ou partie de sa prétention dans l'impossibilité d'avoir le total, ou enfin un *Equivalent* à ses prétentions.

La prétention, quelque considérable qu'elle soit en elle-même, diminuë de valeur, à proportion qu'il en doit plus coûter pour l'obtenir, & à proportion qu'il y a moins de certitude du succès de la Guerre, & il y a telle prétention, qui, à cause de ces deux inconveniens, quelque grande qu'elle soit, ne peut être comptée pour rien ou presque pour rien.

Ainsi on peut dire que les *Equivalens* pour ceux qui sont en Guerre, varient de valeur, selon les succez présens & selon les conjonctures qui ne sont pas fort éloignées, & qui, selon les apparences doivent bien-tôt arriver. Je sçai bien que les meilleurs esprits avec des intentions fort équitables, quelque bien instruits qu'ils soient de l'état des affaires de chacun des Prétendans, ont bien de la peine à peser juste la valeur de ces prétentions, & par conséquent la valeur de l'*Equivalent* que l'un doit offrir, & que l'autre doit accepter.

Il en est à peu près de même des hazards de la Guerre, que des hazards du jeu. Il est difficile, quand une partie de Trictrac est commencée entre deux Joüeurs à peu près également habiles, de déterminer précisément la valeur de celui qui a, par exemple, sept trous contre cinq, onze contre deux ; mais enfin on peut en approcher, & en quelque état que soit la partie, on peut offrir à celui qui a l'avantage, un équivalent à cet avantage, & si on lui offre un peu plus, il doit l'accepter, s'il connoît ses intérêts.

Mais heureusement pour le succés du Projet nous n'avons pas besoin que ceux à qui je viens offrir des *Equivalens* pour leurs prétentions, sçachent si précisément la valeur de ces prétentions ; il suffit qu'ils voyent que les avantages qu'ils tireroient de la Paix, pourvû qu'on trouvât le moyen de la rendre perpétuelle, & que les choses demeurassent toûjours en l'état qu'elles sont, que ces avantages (dis-je) sont beaucoup plus grands que leurs prétentions mêmes, qu'ainsi en signant un Traité de Paix perpétuelle, c'est comme si leur ennemi leur promettoit de les rembourser & au delà une somme très-considérable tous les ans, non seulement pendant les dix premiéres années de la Paix, mais encore pendant toutes les années que la Paix durera, & ce remboursement est d'autant plus sûr que chacun le tirera soi-même, & de l'épargne de la dépense, & de la continuation du Commerce, & des autres sources intarissables que j'ai indiquées dans le troisiéme Discours; & que vous importe que ce remboursement vienne d'une somme que vous apportera vôtre ennemi, ou qu'il vienne d'un trésor qu'il vous découvre chez vous, & dont vous ne sçauriez profiter sans sa permission, sans son consentement, c'est-à-dire, s'il ne consent à l'inaltérabilité de la Paix, & aux moyens de former pour cet effet un Etablissement qui doit durer à jamais.

Si quelques-uns des Alliez ne sont entrez en Guerre que pour obtenir des sûretés de la durée de leur Gouvernement & de leur Commerce, ceux-là trouveront dans le Projet les sûretez qu'ils cherchent inutilement dans la Guerre; ainsi non-seulement ils seront portez vers la Paix, pourvû qu'elle soit faite à condition qu'elle fera *inaltérable*, mais ils ferviront encore merveilleufement à y porter leur Allié, en lui déclarant qu'ils ne veulent plus de Guerre, & en lui faifant envifager qu'il ne doit pas difputer fur le plus ou fur le moins de conditions, pourvû qu'il puiffe commencer à joüir du tréfor inépuifable de la Paix perpétuelle.

Quant à la feconde partie de la propofition, la preuve en eft encore plus évidente, puifque les Parties n'entrent guéres en conférence de Paix, que lorfque de part & d'autre elles commencent à fe laffer de la Guerre, & à fe rapprocher fur les conditions de Paix. Or n'eft-il pas certain que quand les prétentions de part & d'autres font diminuées, les *Equivalens* qu'on peut leur propofer & qu'ils accepteroient, peuvent être de moindre valeur qu'au milieu ou au commencement de la Guerre : & cependant ces Equivalens que leur propofe le Projet feront également confidérables : ce feront les quinze avantages qui forment tout le troifiéme Difcours :

or s'il y eût jamais des Equivalens infiniment plus avantageux que les prétentions, ce sont certainement ceux-là; de sorte que l'on peut dire que dès qu'ils seront proposez dans les Conférences, on ne disputera plus de part & d'autre sur le plus ou le moins, ou bien l'on disputera avec bien moins de chaleur, & chacun de son côté se hâtera de contribuer à une promte & utile conclusion.

A l'égard de la troisiéme partie de la proposition, il sembleroit d'abord que le tems le plus propre pour faire agréer le Projet, ce seroit le tems d'une profonde Paix : mais j'en juge tout differemment, on ne sent jamais mieux tous les maux de la Guerre, que lorsqu'elle a déja duré plusieurs années, & l'on ne sent jamais mieux tous les avantages de la Paix, que lorsqu'il y a long-tems que l'on en est privé. D'ailleurs la plûpart des Souverains ont eu le loisir de former des désirs de nourrir des prétentions les uns contre les autres; quelques-uns même d'entre eux se souviennent d'avoir à la dernière Paix, ou plûtôt à la dernière Tréve, cedé malgré eux des Places qu'ils croyent leur appartenir. Ainsi on peut dire que cette apparence de Paix n'est réellement qu'une véritable préparation à la Guerre, & pour être sourde & cachée, elle n'en est pas moins réelle, elle n'en est même que plus à craindre.

Cependant il me semble que malgré ces dispositions des Souverains à prendre les armes, si ce Projet vient à leur connoissance, ils commenceront à regarder la Paix comme plus importante, les frais de la Guerre comme un mal certain, les succés comme plus douteux ; ils commenceront à supputer ce que leur pourra réellement produire l'inaltérabilité de la Paix, & s'ils viennent une fois à supputation, les avantages sont si évidens, ils sont en si grand nombre, ils sont si considérables, ils sont si présens, qu'il n'est pas possible que, soit d'eux-mêmes, soit à la sollicitation de leurs Ministres, de leurs Alliez, de leurs Sujets, ils ne se déterminent à prendre pour *Equivalent avantageux* de toutes leurs prétentions le Systême de la Paix perpétuelle.

Ainsi il me semble que le Lecteur est en état de voir *que si ce Projet est proposé à des Souverains durant la Guerre, il facilitera la Paix.*

Que s'il leur est proposé durant les Conférences de la Paix, il en facilitera la conclusion

Et que *s'il leur est proposé après la Paix concluë, il en procurera la durée*; & c'est ce que j'avois entrepris de démontrer.

Fin du premier Tome.

TABLE

TABLE.

DE LA PREFACE.

OCCASION *de l'ouvrage.* page j.
Sujet du premier discours. v.
Sujet du second discours. ix.
Sujet du troisiéme discours. xiii.
Sujet du quatriéme discours. xiv.
Sujet du cinquiéme discours. xv.
Sujet du sixiéme discours. xvi.
Sujet du septiéme discours. ibid.
Interêt des Anglois & des Hollandois pour examiner. xviii.

PREMIER DISCOURS.

Premiére proposition, nulle sûreté suffisante dans les Traités. 3
Sources de division. 4 & 5
Moyens de sortir de la division. 6
Etat de Guerre des Sauvages. 7
Nulle Société sans sûreté permanente. 8
Premier inconvénient de la non-Société; les procés ne finissent que par la des-

Tome I. L l

TABLE.

truction d'un des Prétendans. 9

2. Inconvénient, les Descendans héritent des prétentions. 14

3. Inconvénient, nulle protection dans les Régences. 15

4. Inconvénient, nulle Puissance coactive. 17

5. Inconvénient, frais immenses des Procez. 23

6. Inconvénient, necessité d'intervenir dans tous les Procés des voisins. 24

7. Inconvénient, interruption du Commerce. 27

Traitez de conféderation, manque de pouvoir & de vouloir. 31

Seconde proposition sur le Systême de l'Equilibre. 35

1. Avantage du Systême de l'Union préservatif contre les Guerres étrangéres. 37

2. Avantage, préservatif contre les Guerres Civiles. 41

3. Avantage, sureté de la conservation des Etats. 43

4. Avantage, sureté de la continuation du Commerce. 49

5. Avantage, Union plus facile à établir, & à maintenir que l'Equilibre. 50

TABLE.
SECOND DISCOURS.

*Premiere proposition, Préjugé tiré de l'U-
nion Germanique.* 61
Origine de l'Union Germanique. 64 &
suiv.
Préjugez contre l'Union Germanique. 68
& suiv.
Deux défauts de l'Union Germanique. 77
& suiv.
*Affoiblissement de liberté du Corps Ger-
manique.* 79
Chambre de Spire. 80
Chambre Aulique. 81
*Chef perpétuel empêche l'accroissement de
la Societé.* 82
*Les Hollandois, les Suisses ont évité le
Chef perpetuel.* 85
Motif pour former l'Union Germanique
87
*Obstacles qui devoient empêcher l'Union
Germanique.* 102
*Objection; l'Europe plus étenduë que l'Al-
lemagne.* 112. & suiv.
Moyens pour former l'Union Germanique.
115
*Premier moyen, se contenter de la posses-
sion actuelle.* ibid.

Ll ij

TABLE.

2. *Moyen*, arbitrage perpétuel.   116
3. *Moyen*, punition du Refusant ; mot de Solon.   117. & suiv.
4. *Moyen*, contingent.   119
Conclusion.   121
2. *Proposition*, Projet de Henry le Grand.   123
Histoire du fait.   125
Consequence des faits.   137
Conclusion.   149

TROISIE'ME DISCOURS.

Proposition à démontrer, avantage à signer.   152
1. *Avantage*, fondement de l'espérance d'agrandissement comparé avec le fondement de la crainte du bouleversement.   156
Supposition de deux Maisons Souveraines en Europe, & qu'elles soient également puissantes ; espérances égales, & crainte inégale. Donc la Paix en pur profit.   161
Supposition de trois Maisons.   164
Consideration importante, grande élevation multiplie les conspirations, & cause le bouleversement.   168
Causes de la multiplication des conspira-

TABLE.

tions.	page 171
Exemples des conspirations.	174
Raisonnement décisif.	178
Exemples des Conquerans.	182
Avantage que donne la multiplicité des Souverains pour rendre la Paix inalterable.	185
Egalité dans la cession, & dans l'acquisition ; & avantage de plus.	188
2. Avantage, substitutions aux Mâles des Souverains.	192
3. Avantage du côté de la voye de l'Arbitrage.	195
On risque plus dans la Guerre que ce qui est en contestation.	199
2. On est forcé d'entrer dans les querelles des autres.	200
Plus de dépendance dans le sistême de la Guerre.	201
Il acquiert autant qu'il cede.	205
Les Arbitres interessez à être équitables.	206
Frais du Procez.	207
4. Avantage, pouvoir plus grand, dépendance moins grande.	208
Moins de dépendance à l'égard des voisins.	ibid. & suiv.
Plus de pouvoir à l'égard des Sujets.	211
5. Avantage, progrez des Loix, des ré-	

TABLE.

glemens, des établissemens utiles. 214
Diminution du nombre des Procez. ibid.
Discernement du merite. 215
Mettre en œuvre les esprits excellens. 216
Commodité & sûreté des chemins. ibid. & suiv.
Préservatif contre la famine. 217
Perfectionement de l'éducation. 218
Accroissement des Finances du Souverain au soulagement de ses Sujets. 220
6. Avantage ; plus tant de besoin de dissimuler, & plus de facilité à profiter des lumieres de tous ses Sujets. 223
7. Avantage, progrés des arts & des sciences. 227
8. Avantage, durée des monumens. 228
9. Avantage, réputation. 230
10. Avantage, tranquillité. 235
11. Avantage, produit du Commerce. 239
12. Avantage, multiplication des Sujets. 241.
13. Avantage, tribut des Frontiéres plus grand. 242
14. Avantage, grande diminution de dépense en Troupes. 243
15. Avantage, plus grande durée des Maisons Souveraines. 248
Reflexion sur la grandeur de ces avantages. 256

TABLE.

Motifs particuliers des Souverains moins puissans. 259
Motifs particuliers des Républiques. 261
Avantage des Hollandois dans le Commerce. 270
Conclusion du discours. 276

QUATRIE'ME DISCOURS.

Proposition à démontrer. 279
Nécessité du premier article. 281
Premier article fondamental rédigé. 284
Nécessité du second article. 287
Second article. 290
Troisiéme article. 293
Nécessité du quatriéme article. 295
Quatriéme article. 297
Nécessité du cinquiéme article. 317
Cinquiéme article. 319
Sixiéme article. ibid.
Nécessité du septiéme article. 320
Septiéme article. 321
Nécessité du huitiéme article. 325
Huitiéme article. 326
Nécessité du neuviéme article. 331
Neuviéme article fondamental. 343
Dixiéme article. 345
Onziéme article. 348
Douziéme & dernier article fondamental. 350

TABLE.

12. Refléxions sur ces douze articles. 357
Vûë pour les articles importans. 358
Second article. 364
Troisiéme article. 373
Quatriéme article. 375
Cinquiéme article. 379
Sixiéme article. ibid.
Septiéme article. 380
Huitiéme & dernier article important. 383
Refléxions sur ces articles. 384
Equité des articles. 385
Conclusion du discours. 388

CINQUIE'ME DISCOURS.

Proposition à démontrer. 392
Preuve de la premiére partie. 393
Preuve de la seconde partie. 397
Preuve de la troisiéme partie. 398
Conclusion du discours. 400

Fin de la Table du premier Tome.

ERRATA DU PREMIER TOME.

Page 2 ligne 1. difficile, *lisez* très-difficile
Page 2. ligne 15. ce, *lisez* & ce
P. 23. ligne 20. des remedes, *lisez* de remede
P. 25. ligne derniere, habilité, *lisez* habileté
P. 32. ligne 16. Alliez ou des, *lisez* Alliez des
P. 43. ligne 18. exp oez, *lisez* exposés
P. 67. ligne 7. ou qu'il ne, *lisez* ou ne
P. 220. ligne 11. ce n'est, *lisez* si ce n'est
P. 228. ligne 23. des ponts, *lisez* & des ponts, elle leur donneroit bien plus de moyens pour
P. 229. ligne 3. établissemens utiles, *lisez* établissemens utiles
P. 232. ligne 25. les bienfaiteurs, *lisez* leurs bienfaicteurs
P. 259. ligne 12. les alliances, *lisez* des alliances
P. 264. ligne 26. civiles les plus, *lisez* civiles plus
P. 370. ligne 24. leur nuire, *lisez* vous nuire

www.ingramcontent.com/pod-product-compliance
Lightning Source LLC
Chambersburg PA
CBHW050903230426
43666CB00010B/1998